이슈 인 심리학

이재연

대신대학원대학교 상담심리치료학 교수로 재직 중이다. (사)대한상담심리치료학회 상임이사로 일하고 있다. 교도소에서 심리상담을 해 왔고, 서울시, 서울남부, 군위, 천안, 의성, 영월, 평창, 횡성, 원주교육지원청에서 교원연수 및 학부모 강의를 해 오고 있다. 파주시 건강가정지원센터와 영등포 다문화가정지원센터에서는 부부치료와 가족치료를 해 오고 있고, 의성도립, 구미시립, 연수청학도서관 등에서는 인문학 강의를 진행했다. 고양시 흰돌종합사회복지관과 갈산복지관에서는 '행복'을 주제로 강의해 왔으며 한밤의 TV연예에서는 '연예인-심리분석'을 했다. tbs 교통방송에서는 '서울시 마음약방'에 관한 심리분석을 했다. 이외에 교육청 산하 학습종합클리닉에서 학습상담사 전문성 신장 연수 강의를 맡고 있다.
새는 스스로가 하늘에 살고 있는 것을 의식하지 않는다. 물고기도 바다에 살고 있다는 사실을 의식하지 않는다. 우리 인간도 매 순간 사회 속에서 살아가지만 사회를 의식하며 살지는 않는다. 새는 하늘을, 물고기는 바다를, 인간은 사회를 의식하는 순간 '자기'가 보인다. 사회에서 일어나는 사건·사고를 의식하면서 그 속에 존재하는 '나'를 발견하고, '심리학'적 질문과 대답이 독자들로 하여금 더욱 자유분방한 사고를 이끌어 내고 자신과 사회와의 관계에서 혁신적인 '인과관계'를 깨닫는 유용한 힌트가 되길 희망한다.
e-mail loving3025@naver.com

이슈 인 심리학

1판 1쇄 인쇄_2015년 06월 10일
1판 1쇄 발행_2015년 06월 15일

지은이_이재연
펴낸이_홍정표

펴낸곳_글로벌콘텐츠
등록_제 25100-2008-24호

공급처_(주)글로벌콘텐츠출판그룹
이사_양정섭 디자인_김미미 편집_김현열 송은주 기획·마케팅_노경민
경영지원_안선영
주소_서울특별시 강동구 천중로 196 정일빌딩 401호 전화_02-488-3280 팩스_02-488-3281
홈페이지_www.gcbook.co.kr

값 15,000원
ISBN 979-11-85650-92-0 03180

이슈 IN인 심리학

ISSUE IN PSYCHOLOGY

이재연 지음

글로벌콘텐츠

프롤로그

사람은 나무입니다. 나무는 자신이 살아온 삶을 고스란히 나이테에 담고 있습니다. 나이테의 곡선 모양으로 어떻게 살아왔는지를 짐작할 수 있습니다. 사람에게도 나이테가 있습니다. 그것은 바로 '심리무늬'입니다. 심리무늬에 여러 가지 결이 있습니다. 그 중에 가장 흔하게 보이는 것은 '말의 무늬'와 '행동의 무늬'입니다.

사람은 인간이기 때문에 말을 합니다. 부모로부터 배우고 선생님에게 배우고 친구들에게도 배웁니다. 그렇게 배운 말을 무의식적으로 내뱉습니다. 이렇게 내가 아닌 가족과 타인이 새겨놓은 '말의 무늬'를 드러냅니다. 그 사람의 '말의 무늬'를 보고 어떤 부모 밑에서 자랐는지 어떻게 성장해왔는지를 알 수 있는 것입니다. 욕과 막말을 하는 부모 밑에는 욕과 막말을 하는 자녀가 존재합니다. 존댓말하는 부모 밑에는 존댓말하는 자녀가 존재합니다. 이것은 말의 무늬를 자녀에게 남겨준 증거입니다.

사람은 인간으로서 행동을 합니다. 부모의 반복적인 몸의 움직임을 눈으로 보면서 머리에 새깁니다. 집 밖으로 나가서 남들과의 관계 구조 속에서 새겨 놓았던 움직임을 꺼내어 무의식적인 행동으로 드러납니다. 이것을 '행동의 무늬'라고 합니다. 심리학에서는 이러한 행동의 무늬를 분석한 후 성장하면서 어떤 부모 밑에서 자랐는지, 어떤 환경에서 자랐는지를 파악합니다.

남녀가 서로 마음이 맞아서 사랑을 하게 됩니다. 남자와 여자는 자신들이 만들어 놓은 '마음의 결'을 '결혼'을 통해 합칩니다. 서로가 서로에게 없어서는 안 되고, 상대가 없으면 죽을 것 같아서 결혼을 하지만 살다보면 그 사람 때문에 죽을 것 같은 상황이 옵니다. 부부는 사랑해서 아이를 임신하고 배 아파 낳은 자식에게 모든 것을 퍼줍니다. 이렇게 키운 자식은 사춘기를 거치며 다른 사람이 되어 어느 순간 부모 앞에 서있습니다. 이런 자식을 보면서 '키워봐야 소용없다'고 후회합니다. 그 아이가 '키워봐야 소용없는' 사람이 된 것은 그런 마음으로 키운 부모의 말과 행동이 눈을 깜빡이는 횟수만큼 겪으면서 만들어진 부모의 작품입니다. '말의 칼'과 '행동의 칼'을 들고 자식을 조각한 후에 자신들은 자식의 이런 모습을 원하지 않았다고 후회해봐야 이미 지나간 일입니다.

프롤로그

지나간 것은 과거입니다. '과거'라는 것은 '무의식이라는 방' 안에 놓여져 있는 가구들과 같습니다. 사람은 자신도 모르게 무의식방의 문을 찾아가 자주 열어봅니다. 그럴때 마다 방 안에 있는 가구(=과거)들을 보고 웃기도 하고 울기도 합니다. 대부분의 사람들에게는 방 안에 자신들을 웃게 만드는 가구들보다 울게 만드는 슬픈 가구들이 많습니다. 과거의 상처를 그대로 남겨두기 때문입니다. 보통 이러한 방들은 어둡고 먼지도 치우지 않은 지저분한 방입니다. 그 방에 들어갈 때마다 우울하고 힘이 듭니다. 이 방에 있는 많은 가구들을 정리하고 깨끗하게 하려면 우선 방의 불을 밝혀 환하게 만들어야 합니다. 그래야 정확히 파악을 할 수 있습니다.

자신의 과거를 환하게 밝히고 구석구석 보다보면 객관적으로 바라볼 수 있는 힘이 생깁니다. 그 힘을 바탕으로 과거의 방에 어지럽혀 있는 가구도 정리하고 바닥도 깨끗이 닦고 정리할 수 있습니다. '계몽하다'는 단어는 영어로 'enlighten'이라고 합니다. 이 단어의 앞과 뒤에는 접두사와 접미사로 'en'을 빼면 진짜 의미인 'light'가 드러납니다. 즉,

계몽하는 것은 ‘빛’을 비춰주는 것입니다. 스스로를 계몽시켜야 자신의 어두운 부분을 밝혀서 객관화시킬 수 있습니다.

이 책의 글들을 펼치는 독자들에게 바라는 점이 있습니다. 스스로의 모습에 ‘빛’을 비춰서 ‘객관화’할 수 있는 기회가 되길 바랍니다.

2015년 5월 4일

이재연

Contents

Contents

3부 가족 심리학

4부 스포츠 심리학

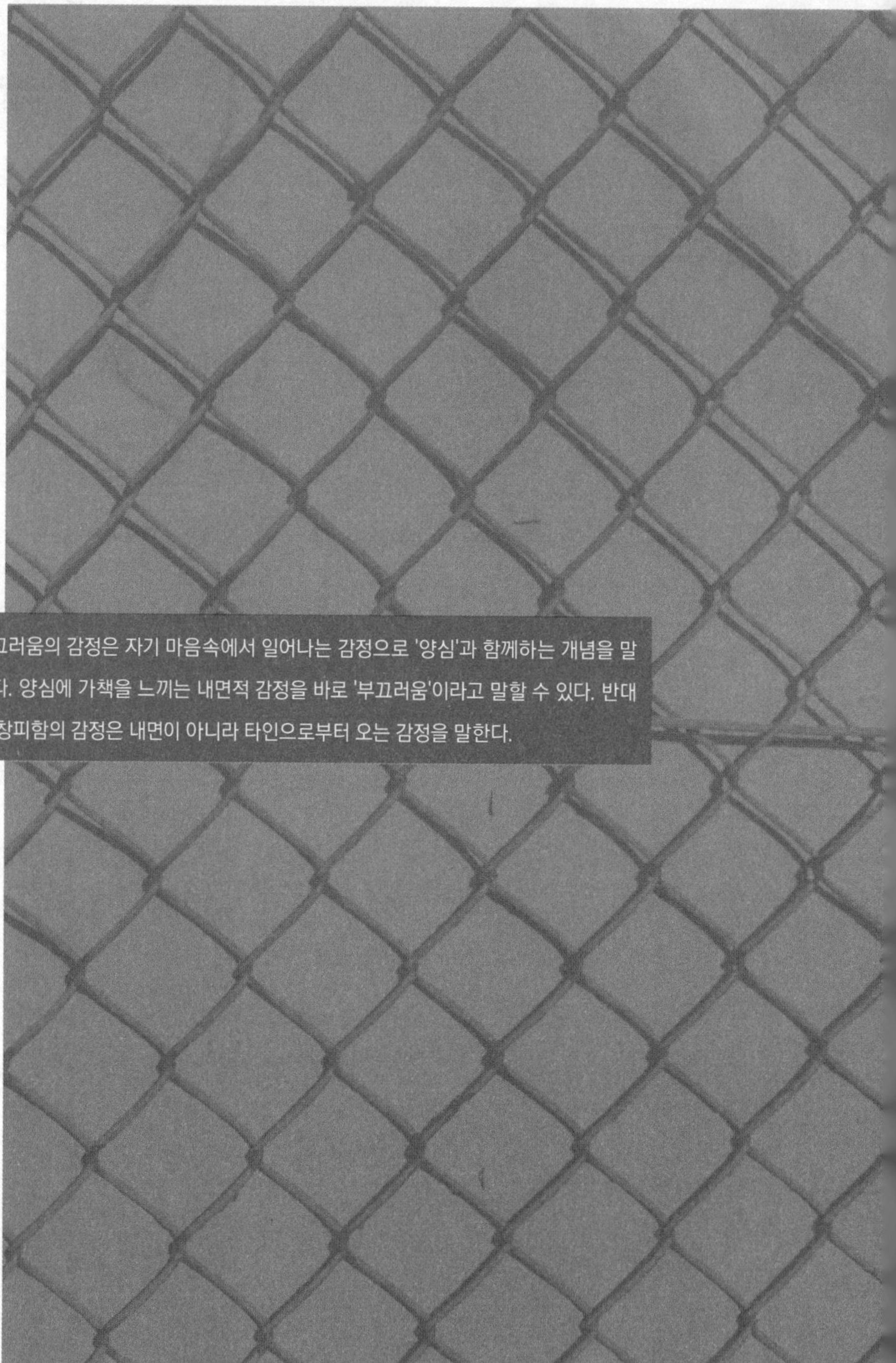

부끄러움의 감정은 자기 마음속에서 일어나는 감정으로 '양심'과 함께하는 개념을 말한다. 양심에 가책을 느끼는 내면적 감정을 바로 '부끄러움'이라고 말할 수 있다. 반대로 창피함의 감정은 내면이 아니라 타인으로부터 오는 감정을 말한다.

1부

사회 심리학

인간 행동의 뒤에 숨어 있는 그림자

담배와 키스

2015년부터 담뱃값이 2000원 올랐다. 그러다보니 사라진 줄 알았던 '개비 담배'까지 등장했다. 한 개비에 300원 선이라고 한다. 개비 담배 판매 적발 시 영업정지 1년이라 하지만 적발된 사례는 없는 것으로 보인다. 돈 없는 고시촌에서 파는 것이라 단속하기도 미안해서인지 단속도 없는 듯하다.

담뱃값이 오르다 보니 흡연자라면 1년간 수십 번 해봤을 생각을 또 한 번 하게 된다. 금연은 왜 이렇게 힘들까? 담배의 발암물질 이야기나, 구강암 사진을 보여주며 경고해도 금연이 되지 않는 이유를 심리학적 관점에서 알아보겠다.

이성이 만나 서로를 사랑하게 되면 하는 행동이 있다. 바로 뽀뽀와

키스다. 인간들은 왜 사랑을 '키스'로 표현할까? 그 이유는 바로 첫 대인관계의 경험에 있다. 갓 태어난 아이는 입술을 빼고는 자신의 의지대로 움직일 수 있는 것이 하나도 없다. 이 시기를 '구강기'라고 한다. 입으로만 세상과 소통하고 생각하기 때문이다. 즉, 엄마와의 사랑을 입술로 받아들이는 대인관계의 첫 경험을 가지게 된다. 성인이 돼 이성을 만나 사랑을 받고 싶을 때 무의식적으로 눈을 감고 입술을 내밀게 된다. 누가 가르쳐 준 것이 아니다.

여기서 담배와 키스의 관계가 있다. 갓 태어난 아기가 구강기 때 입술이 불만족하게 되면 성인이 되어서 무의식적으로 만족시키려고 한다. 이때 담배와 키스가 그 선택의 대상이 된다. 담배도 키스도 입술을 만족시킨다. 이성을 통해 입술의 만족도 있지만 이성이 없을 때는 담배를 통해 만족시키게 되는 것이다.

또 하나의 담배를 피우는 이유는 냄새다. 냄새의 기능은 엄청나다. 눈을 가리고 코를 막은 후 양파와 사과를 같은 모양으로 잘라 놓고 먹으면 두 개를 구분하기가 힘들다. 냄새는 '정의'를 내리는 데 중요한 기능을 한다. 태어나서 엄마를 '인지'할 때 시각이나 청각은 4개월 정도가 지나야 한다. 그 이전에는 '냄새'로 엄마를 인지한다. 시간이 지나면서 엄마와 아이는 같은 냄새를 가진다. 다른 사람이 안을 때 아이가 우는 것은 엄마 냄새가 아니기 때문이다. 냄새가 남기는 것은 중독과 매력이다.

냄새는 '시공간'으로 나눌 수 있다. 길거리에서 남이 피우는 냄새를 맡거나 담배 냄새가 배긴 차에 타면 어김없이 뇌를 자극시켜서 기억나게 만든다. 냄새는 뇌 속에 시간도 새겨둔다. 아침, 식후, 저녁 시간은 냄새가 새겨놓은 시간이다. 자연스럽게 뇌가 기억을 해내는 것이다.

마지막으로 손가락이 기억을 한다. 의식적 기억이 아니라 무의식적 기억이다. 쉽게 말하면, 집에 전화를 할 때 생각을 하고 번호를 누르는 게 아니라 손가락이 알아서 누른다. 이것은 마치 뜨거운 냄비에 댄 손을 반사적으로 떼는 것과 같다. 담배를 피울 때 사용하는 손가락은 담배를 잡고 있는 상태를 기억하고 있다. 손가락이 담배를 원하게 되는 것이다.

금연은 위에서 말한 세 가지로 해결할 수도 있다.

첫째, 입술의 만족을 담배가 아닌 다른 것을 물고 있으면 된다.
둘째, 담배 냄새가 아닌 좋아하는 향수를 찾아서 사용한다.
셋째, 손가락에 다른 것을 잡고 있는 습관을 가져야 한다.

지금 '참고' 있나요, '견디고' 있나요

2014년 청년 실업률이 9%에 이르렀다. 통계청이 청년 실업률 조사를 시작한 이래 최고치라고 한다. 국제노동기구(ILO)은 2015년 대한민국 청년 실업률이 13.1%로 악화될 거라고 전망을 하고 있다. 전국 청년 고용률은 2011년에 40.5%였다. 2012년에는 40.4%, 2013년은 39.7%, 2014년은 40.7%를 기록했다.

취업준비생들은 새벽에 일어나 학원에 가서 공부를 한다. 매년 떨어져도 일터를 찾겠다는 희망의 끈을 놓을 수는 없다. 준비에 집중한다는 이유로 점심을 일부러 혼자 먹는 취업준비생들도 많다. 주변 사람들과 이야기도 잘 나누지 않는다. 그러다보니 웃을 일도 거의 없고 우울, 불면증 등과 같은 정신적, 신체적 질환까지 이어지는 경우도 많다.

자살 충동을 느끼는 취업준비생이 늘었다느니, 실제로 취업 스트레스를 못 이겨 스스로 목숨을 끊었다느니, 범죄의 유혹에 빠져 범법자로 전락한다느니 하는 소식은 언론을 통해 자주 접해 이제 더 이상 놀랍지도 않을 정도다.

여기까지는 누구나 들어본 얘기이다. 그러면 좀 엉뚱하게 들릴 수도 있는 질문을 하나 던져보겠다.

"취업준비생들은 '견디는 것인가', '참는 것인가'"

심리학에서는 '견디다'와 '참다'를 구분한다. 외부로부터의 어려움과 아픔은 '견디는 것', 내부로부터의 어려움과 아픔은 '참는 것'이다. 어려서부터 견디는 것에 익숙하게 된 사람이 있고 반대로 참는 것에 익숙한 사람이 있다. 이것은 가정과 학교에서 어떤 과정을 거쳤느냐에 따라 결정된다.

어려서부터 부모님이 외부의 어려움을 건강하게 견디는 모습을 가정 내에서 보고 자란 자녀는 성인이 되어서 똑같이 외부적인 환경의 어려움을 잘 견뎌낸다. 하지만 반대로 환경적 어려움에 힘들어하고 불평불만이 가득한 모습으로 지속적인 반응을 보인다면 자녀는 '건강하지 못한 반응 시스템'에 중독이 된다. 이런 아이는 성장해서 조금만 힘든 환경이 주어지면 화를 내고 심해지면 우울증에 쉽게 걸리게 된다. 놀라운 점은 이 시스템에 중독이 되면 건강한 환경을 거부하는 모습을 보인다는 것이다. 스스로 외부적 환경을 비판하고 불만을 늘어놓아야 편한 상황을 만들게 되는 것이다.

또 어려서부터 부모님이 내부의 생리적인 현상이나 욕구와 본능을 건강하게 참아내는 모습을 보고 자란 자녀는 성인이 되어서도 보고 배운 대로 내부의 문제를 잘 참아낸다. 하지만 화를 참지 못하고, 소음을 참지 못하고, 호기심을 참지 못하는 모습을 보고 자란 아이는 자라서 부모의 모습 그대로 참지 못하는 다혈질의 사람으로 변화하게 된다.

이런 문제는 판사가 되고 의사가 되고 CEO가 되고, 사회적인 성공을 거둔 후라도 결국 터지게 돼 있다.

심리학에서는 자신감과 자존감도 구분한다. 많은 '지식'을 가지게 되면 스스로 확신을 가지게 된다. 이것은 자신감이 높아지는 것이다. 하지만 자존감은 자기 자신이 얼마나 소중하고 중요한 사람인지를 아는 것을 말한다. 지식이 높아서 연봉이 높은 직업을 가지게 되더라도 자신이 얼마나 소중한지 모르는 사람은 '자신감은 높지만 자존감은 낮은 사람'이다. 이런 사람은 살인도 하고 불법도 저지른다. 하지만 지식이 부족해서 연봉이 낮은 직업을 가지더라도 자신이 얼마나 가치 있는 사람인지를 아는 사람은 '자신감은 낮지만 자존감은 높은 사람'인 것이다. 이런 사람은 주위 모든 사람을 가치 있게 대한다.

취업이 되지 않아 우울증에 시달리고 약물치료를 받는 사람들이 늘어난다. 하지만 한계가 있다. 자신의 문제가 견디는 것에 약한지, 참는 것이 약한지 또 자신감이 부족한지 자존감이 부족한지를 먼저 분석을 해야 한다. 분석을 하면 자신의 말과 행동 그리고 심리를 파악하게 된다. 약물치료가 무서운 것은 중독이다. 약물에 중독이 되면 더 강한 약을 먹어야 하기 때문이다. 물이 새는 원인인 구멍을 막아야지 새어나오는 물만 버린다고 문제가 사라지지 않는다.

외부로부터는 세계경제의 어려움을 튼튼하게 견뎌낼 수 있고 내부로부터는 국민들의 경제적 아픔을 해결하면서 참아낼 수 있는 대한민국을 기대해본다. 그래야 취업준비생들도 그런 국가를 보며 성장해 국가의 주인인 건강한 국민으로 남을 수 있기 때문이다.

자존감=나의 중요성 인식
자신감=지식의 향상

카페에서 공부하는 심리와 엄마의 자궁

최근 카페를 운영하는 사람들의 고민이 커지고 있다. 작은 카페든 대형 프랜차이즈 커피전문점을 운영하든 상황은 마찬가지다. 그들의 고민은 바로 '카페에서 공부'하는 사람들 때문이다. 커피 한 잔을 시켜서 몇 시간이나 앉아서 공부를 하고 스터디까지 하느라 정작 자리를 찾지 못하는 다른 손님들은 카페를 나가 버린다. 이러한 이유로 테이블 회전율이 높지 않아 매출은 줄고 한 잔을 시켜 오래 앉아 있어도 손님은 손님이기 때문에 나가라는 말을 할 수 없어서 마음은 아파간다. 도대체 왜 카페에서 공부를 할까? 그 이유를 심리학적인 관점에서 풀어보도록 하겠다.

첫째, '안정감심리' 때문이다.

사람은 '자궁심리'를 누구나 다 가지고 있다. 무의식적으로 엄마의 자궁 속에 10개월 동안 머물렀던 경험을 자라면서 마음속에 담아두게 된다. 이때 자기만의 공간 그리고 동굴과 같은 어두운 공간이 안정감을 주게 된다. 저녁에 이불 속에 들어가 책을 읽고 자기가 좋아하는 것을 보는 것이 바로 이러한 자궁심리를 나타내는 것이다. 이처럼 자궁과 비슷한 구석진 곳을 찾게 되고 큰 공간 보다는 작은 공간에서 안정감을 느끼기 때문에 도서관이나 열람실과 같이 넓은 장소보다 카페의 작고 아늑한 곳을 선호하게 되는 건 당연한 이치다.

둘째, '관계심리' 때문이다.

'관계' 설정도 중요한 부분이다. 도서관이라는 공간은 모든 사람이 공부하는 장소다. 자연스레 경쟁심리가 생긴다. 이로 인해 압박감을 느끼고 타인을 '라이벌'로 생각하게 되는데 개인 과외 등으로 혼자 공부하는 것에 익숙해진 요즘 세대들이 이를 극복하기는 쉽지 않다. 결국, 경쟁심리를 떨쳐 버리기 위해 마음이 맞는 몇 명, 혹은 혼자서 라이벌이 없는 카페를 찾게 되는 것이다.

셋째, '남녀심리'가 다르다.

여기서 남성과 여성에 따라 심리 분석이 또 달라지는데 남성은 타인과의 관계 형성이나 제한된 공간에 있어서 '파이터 근성'을 발휘한다. 결국 '저 사람을 이겨야 한다'는 충동이 일어나 라이벌이 없는 공간으로 자리를 옮기는 것이다. 여성의 경우 두 명 이상이 같은 공간에 있다면 그들을 '케어해야 한다'는 본능이 작용하는데 새로운 친구를 형성하게 되고 불필요한 배려심을 베풀지 않기 위해 도피하게 되는 것이다.

이외에도 도서관과 카페의 차이점을 보면 도서관은 책'만' 있는 공간이지만 카페는 책'도' 볼 수 있는 공간이다. 시각적인 부분에서 '직선'의 형태인 책만 가득한 도서관은 눈에 피로에서 마음의 피로로 전달되는 것이 카페보다는 클 수가 있다. 카페에는 직선보다는 '곡선'의 형태가 많다. 테이블과 커피 잔 그리고 사람들의 이동에 있어서 곡선이 많다. 그렇기 때문에 눈의 피로가 덜해서 마음의 피로도 적게 된다.

또 눈의 피로가 덜할 뿐만 아니라 귀의 피로도 카페가 적다. '백색소음(White noise)'이라는 것이 있다. 이 소음은 우리 귀에 너무 익숙해져서 크게 의식되지 않는 소음을 말한다. 넓은 주파수 범위에서 거의 일정한 주파수 스펙트럼을 가지고 전달되는 소음을 말한다. 사람들이 대화를 나누고 찻잔이 부딪치는 소리, 커피를 만드는 소리, 의자를 넣고 빼는 소리, 심지어 빗소리나 바람소리도 이에 해당한다. 이런 소리는 오히려 '집중력과 창의성'을 향상시킨다. 2012년 미국 시카고

대 소비자연구저널은 50~70데시벨(dB)의 소음은 도서관과 같이 완벽하게 조용한 상태보다 오히려 백색소음이 있는 카페 같은 곳이 집중력과 창의력을 향상시킨다는 연구 결과를 발표했다.

아기가 잠이 들 때 완벽하게 조용한 것보다는 엄마의 자장가 소리가 '백색소음'의 효과를 발휘해 더 잠에 빠지고 편안함을 가지게 되는 현상과 같은 것이다. 어찌 보면, 지금 세대들이 카페에 공부하러 모이는 현상은 각박하게 경쟁만 하는 도서관보다는 엄마의 자장가 소리처럼 위로받고 싶은 마음에 카페에 모이는 이유가 더 크지 않을까 생각해 본다.

패러디 심리학

화제가 되는 사건이 등장하면 인터넷엔 꼭 따라붙는 게 있다. 바로 네티즌들의 재치가 묻어나는 '패러디'이다.

임신까지 한 아내를 두고 다른 여성에게 소위 '작업'을 건 배우 이병헌의 말을 패러디하고, '욕설 논란'의 장본인들인 이태임과 예원의 대화를 패러디하고, 그리고 '금품수수 의혹'을 받고 있는 이완구 국무총리의 사건을 패러디한다. 도대체 왜 패러디를 할까.

'패러디(Parody)'는 원래 그리스어인 파로데이아(Parodeia)에서 유래된 말이다. 이 말은 '다른 노래에 병행하는 노래'라는 뜻이다. 요즘 어떤 노랫말로 유행하는 표현을 빌려보자면 '원곡인 듯 원곡 아닌 원곡 같은 노래'를 말한다.

패러디가 원래의 것과 다른 것은 바로 '의미'다. 의미(意味)는 뜻(意)과 맛(味)이 합쳐진 말이다. 패러디는 뜻은 같은데 맛(味)이 다른 것을 말한다. 웃어?, 웃겨?, 웃냐?, 웃픈?, 웃지? 등은 의미는 '웃음'이지만 각각의 맛이 다르다. 아버지, 아빠, 아버님 등도 의미는 같지만 맛은 분명 다르다. 패러디는 본래의 것과 의미는 같지만 다른 맛을 준다. 맛이 다르다는 것은 또 다른 의미를 가진 메시지가 그 안에 담겨 있다는 것이다.

패러디 속에 메시지의 핵심은 '설득력'이다. 패러디가 웃음을 주면서도 설득력을 가지고 있고, 설득력을 가지면서 웃음을 준다.

설득(說得)의 설(說)은 '큰 의미의 말(言)을 곧게(兌) 분산시켜 작게 나누는 것'을 말한다. 득(得)의 의미는 '걸어가서(?) 물건을 손(寸)에 넣어 가지게 하다'이다. 다시 말하면 패러디가 가지는 능력은 자칫 무겁고 큰 의미의 것을 작고 가볍게 만들어 손 안에 들어가게 만드는 작은 웃음인 것이다.

이번 이완구 국무총리의 '비타500'의 패러디도 마찬가지다. 본래 이 사건은 '정치', '국무총리', '비리'와 같은 크고 무거운 단어의 의미를 가진다. 이렇게 무거운 사건을 받아들이기에는 국민들도 치쳤다. 그런데 매일 손쉽게 구매해서 마시는 비타500이라는 자양강장제로 패러디해서 국민들에게 메시지를 전달했기 때문에 마음에 와 닿기도 하고 재미도 있는 것이다.

실제로 인터넷에서는 비타500 박스에 5만 원권을 담아 600장이 들어간 모습을 보여주기도 했다. 600장이기 때문에 3000만 원이라는 것은 충분히 설득력을 가진다. 이런 설득력이 더해져서 국민들은 이 패러디를 보고 즐거워하는 것이다.

완곡(Euphemism)과 왜곡(Distortion)은 화자와 청자가 누구냐에 따라 의미가 달리진다.

본래 완곡은 말하는 투가 듣는 사람의 감정이 상하지 않도록 모나지 않고 부드러운 것을 의미한다. 왜곡은 사실과 다르게 해석하는 것을 말한다. 그러나 화자와 청자가 누구냐에 따라 완곡이 부정이 되고 왜곡이 긍정이 되기도 한다.

일본이 일제 강점기에 자신들이 만행을 완곡하게 말하는 것 자체가 부정이다. 이와는 반대로 "어머님은 자장면이 싫다고 하셨어~" 같은 노래에서 보면 실제로는 엄마도 자장면을 좋아한다. 하지만 아이들을 먹이려고 사실과 다르게 왜곡해서 '싫어한다'고 거짓말하는 것이다. 나중에 어른이 돼 엄마의 마음을 알고 나서는 감동하는 것이다. 누가 누구에게 완곡과 왜곡을 하느냐에 따라 이처럼 의미는 달라진다.

패러디의 경우 국민에게 완곡하게 전달하는 내용인 것이다. 반대로 정치인들이 자신들의 부정부패를 '기억나지 않는다'라고 하거나 '그런 적 없다'고 일관하는 것은 '왜곡'하는 것이다.

그들은 도대체 왜 '사과상자나 박스'에 돈을 넣어 비리를 저지를까?

돈을 주는 입장에서나 돈을 받는 입장에서도 시각적인 '완곡효과'를 노리는 것이다. 돈다발을 주는 것은 스스로가 부정하고 비리를 저지르는 감정을 고스란히 가지게 되지만 '상자'에 돈을 담는 순간 돈이 아닌 '선물'로 인지가 왜곡된다. 주고받는 사람 모두가 '돈'이 아니라 '선물'을 받는 것으로 의도적인 완곡효과를 가지려고 하는 것이다.

국민들이 순간적으로 패러디를 보며 웃어넘길 수는 있다. 하지만 진정한 패러디는 국민들의 가슴속에 영원히 그들에게 웃음이 아닌 비웃음으로 돌려준다는 것이다.

두려움의 심리와 무서움의 심리

2015년 3월 5일 오전 민족화해협력범국민협의회(민화협) 주최 조찬 강연회에서 김기종(55) 우리마당독도지킴이 대표가 마크 리퍼트 주한 미국 대사를 습격했다. 그는 조찬중인 리퍼트 대사에게 달려들어 25cm의 칼을 휘둘렀다.

그런데 그는 이 칼로 리퍼트 대사의 '얼굴'을 공격했다. 오른쪽 광대뼈부터 턱 밑까지 자상을 입혔다. 박근혜 대통령이 면도칼 공격을 받았을 때와 비슷한 점이다.

얼굴 부위에 대한 공격, 과연 무슨 의미로 볼 수 있을까.

오랫동안 많은 학자들은 살인의 원인에 대해 연구해 왔다. 폭스(Fox)와 레빈(Levin)과 같은 학자들은 권력원인살인(Power-based homicides), 복수원인살인(Revenge-based homicides), 충성원인살인(Loyalty-based homicides), 이익원인살인(Profit-based homicides), 그리고 테러원인살인(Terror-based homicides)으로 다섯 가지로 유형을 나눴다.

이와 더불어 공격 부위에 대한 연구가 진행됐다. 머리(Head), 목(Neck), 가슴(Chest), 복부(Abdomen), 팔(Upper Limbs), 다리(Lower Limbs)로 나눴다. 이 중에 성적 살인은 피해자의 목이 공격부위였다. 성적 살인의 경우 71%가 목조르기(Strangulation)를 한다. 둔기에 의한 안면손상의 경우 75.3%가 면식범에 의한 살인이었다. 횟수에 있어서는 공격을 몇 회했는지를 확인하는 것이 가해자의 감정 상태를 판단하는 데 도움이 된다. 공격 횟수에 따라 자기 통제력을 상실한 격노한 공격, 오버킬신드롬, 피해자의 확실한 사망을 위한 공격 등으로 나눌 수 있다.

인신공격(Personal attack)과 신체공격(Physical aggression)은 유사하다.

사람은 다른 사람이 가진 것이 모두 좋거나 반대로 모두 나쁘게 보려는 경향이 있다. 좋거나 나쁜 것은 인지 편향을 드러내는 것이다. 매력적인 사람은 같은 조건에서 더 똑똑하고 현명한 사람으로 보이는 것과 같다. 논리적으로 판단해야 할 이성이 파괴되는 것을 말한다. 이

것을 무관련성의 오류(Fallacy of irrelevance)라고 한다. 이처럼 인신 공격은 논리성이 없이 상대방의 약점을 잡아 비판하는 것을 인신공격이라고 할 수 있다.

주먹을 쥐거나 주먹으로 손바닥을 내리치는 것은 힘으로 상대방을 가격하고 싶다는 의사표시다. 상대방에 대한 화와 분노를 몸의 일부를 통해, 주먹의 형태를 만들어 움직이는 것이다. 1993년 보비트 사건에서 평상시 남편의 일방적인 성관계로 우울증을 앓았던 아내가 남편의 성기를 잘라 분해기에 넣은 사건이 발생했다. 자신의 분노를 신체의 구체적인 일부를 통해 표출하는 것은 심리상태와 신체가 일치하고 있기 때문이다.

이번 리퍼트 대사에 대한 신체 공격도 이와 비슷한 과정을 드러낸다고 볼 수 있다.

김씨의 경우 머리와 목 그리고 가슴이나 복부의 부위로 나눠 본다면 머리를 향해 칼을 휘둘렀다. 머리는 생각과 말을 만들어내는 곳이다. 김씨는 (리퍼트 대사나 미국 정부의) 말과 생각에 자신이 상처 받았다고 생각하는 것이다. 25cm나 되는 칼을 들고 머리를 향해 휘두른 것은 자신의 생각과 말보다 그들의 그것이 더 크고 강하다고 생각되기 때문이었다.

심리학에서는 '두려움'과 '무서움'을 구별한다.

두려움은 내 안에서 생겨나는 감정이고, 무서움은 분명한 외부의 대상을 보고 생기는 감정이다. 김씨의 이전 행동들을 보면 자신의 내면에 두려움이 가득해서 자신보다 강하고 큰 것을 향해 감정전이를 한 후 폭력성을 드러내고 있는 것으로 보인다.

감정 휴리스틱 효과

2015년 3월에 야구선수 오승환과 가수 유리의 열애소식이 전해졌다. 또 최근에는 배우 배용준과 박수진의 결혼소식 보도가 나왔다. 그런데 언제부터인가 연예인 혹은 연예인과 스포츠 스타의 커플 특종이 나오면 꼭 따라 붙는 것이 있다. 바로 '음모론'이다.

최근 보도된 오승환과 유리의 열애설 기사에는 '성완종 리스트' 파문에 휩싸인 이완구 국무총리의 비리 의혹을 덮기 위한 것이 아니냐는 댓글들이 눈에 띄었다. 이렇게 성격이 전혀 다른 것 같은 정치와 연예 이슈의 사이에서 대해 '음모론'이 제기되는 심리적 배경은 뭘까.

심리학 용어 중에 '휴리스틱(Heuristic)'이라는 것이 있다.

이 용어는 미국 오리건대학교의 심리학자인 폴 슬로빅(Paul Slovic)

교수가 최초로 제안한 용어로 인간이 결정하고 판단을 할 때 논리적이고 이성적으로 하지 않고 감정적이고 생각없이 습관적으로 판단하는 것을 말한다.

원래 '휴리스틱(Heuristic)'이라는 말은 그리스어 'heutiskein(발견하다)'에서 왔다. 쉽게 말하자면 사람들은 어떤 일에 대해서 논리적으로 과정을 풀어나가며 발견하고 판단하는 것이 아니라 '그까이거 대충~' 식으로 비합리적인 생각을 한다는 것이다. 이것을 경험법칙(Rule of thumb)이라고도 말한다.

이완구 국무총리의 금품수수 의혹으로 사회가 시끄러울 때 연예인과 스포츠 스타의 열애설이 나오면, 일단은 뭔가 치명적 사실을 덮으려는 의도가 아니냐는 식의 감정적인 판단을 먼저 하는 대중의 모습이 바로 '휴리스틱(경험법칙)'이 적용됐다고 볼 수 있다.

또 하나 예를 들면 A상자에는 10개 중에 진짜 반지가 1개가 들어 있고 B상자에는 100개 중에 진짜 반지가 7개 들어 있다.

만약 진짜 반지를 뽑는 사람에게는 그 반지를 선물로 준다고 할 때 사람들은 어떤 상자를 선택할까? 대부분의 사람들이 'B상자'를 선택한다. 10개 중 1개를 뽑을 확률은 10%이고, 100개 중에 7개를 뽑을 확률은 7%인데도 말이다.

다시 말해 논리적이고 이성적이라면 'A상자'를 선택하는 것이 맞다. 하지만 짧은 시간 안에 눈에 보이는 1개와 7개를 단순 비교해서 7개가 더 많다는 이유로 B상자를 선택하는 건 감정적이다. '감정 휴리스틱(Affect heuristic)'의 현상이다.

정치적인 중요한 사건이 터질 때마다 이 사건과 더불어 연예인들의 열애설이 터지는 과정을 보면 사람들은 초반에 아무 생각없이 정치적 이슈보다는 쉽고 재밌는 연예인들의 열애설 기사를 선택해서 본다.

이러다 보니 자연스레 어렵고 무겁고, 감성보단 논리적 성격이 짙은 정치(인) 이슈 기사는 묻히게 된다. 이런 패턴이 반복되고, 이를 목격한 대중들은 '정치 이슈+열애설 보도'라는 '공식'에 익숙해지면서 '무감정'에서 '감정'으로의 변화를 가지게 된다. 깊이 생각하지 않고 감정적으로 '의심'을 품게 되는 것이다. 의심을 가지는 대중들이 많고 같은 공식이 반복되는 순간 의심에서 '음모론'으로 화석화되는 것이다.

심리학에서는 사건(事件)과 사고(事故)를 구분한다.

사건은 의도적으로 일으키는 일을 말하고 사고는 의도치 않게 일어나는 일을 말한다. 사건의 당사자들은 자신들이 의도적으로 꾸며 놓고는 '사고'였다고 말하기 때문에 국민들로 하여금 불신을 가지게 만든다. 한 번의 불신을 넘어서 여러 번 반복되는 불신은 '음모론'의 핵심 요소로 발전하게 된다. 일종의 심리적 편견을 가지게 만드는 현상이다. 이것은 '낙인효과(Stigma effect)'라고 한다. 가령 '유병언 음모론'은 '낙인효과'로 설명할 수 있다.

한 사람에게 대중들이 부정적인 생각을 갖게 되면 끊임없이 색안경을 끼고 바라보는 것이다. 유 전 회장은 '세월호 사건을 발생하게 한 장본인'이라는 낙인이 찍혀 있다. 대중들은 자연스레 죽음 자체도 부정적인 시선으로 바라보게 됐다. '세월호 안경'을 쓰고 유병언을 바라보게 되는 것이다. 또한 그의 죽음을 발표한 국가도 믿을 수 없게 되는 것이다. 이것은 정치를 바라보는 국민의 심리와 흡사하다. 이 심리적 편견은 국가(정부)가 역사적으로 국민을 상대로 한 거짓말 전력이 있기 때문에 만들어진 것이다. 심리적인 과정은 그렇다.

국민들이 바라보고 싶은 대로 보기 때문에 음모론은 더욱 단단해질 가능성이 높다. 영화 찌라시나 부당거래같이 음모론의 과정을 소개한 내용을 보면서 국민들은 논리적인 의심을 품게 될 것이다.

토끼 사냥을 멈추시오!

2015년 2월 4일 서울대 인권센터에 따르면 '수년간 경영대 A교수로부터 성희롱을 당했다'는 학생의 제보가 접수되었다.

최근 잇따라 서울대학교 교수들의 성희롱·추행 사건이 발생하고 있다. 심리학적인 관점에서 성희롱의 원인을 분석해 보겠다.

성희롱은 영어로 'HARASS'이다. 이 단어의 어원을 보면 '토끼(Hare)'와 '엉덩이(ASS)'가 합쳐진 말이다. 토끼의 엉덩이를 쫓는 사냥개의 모습에서 이 단어는 '괴롭히다'의 뜻을 가지기 시작했다. 그러다 상대방의 의사와 관계없이 성적으로 수치심을 주는 '성희롱하다'의 뜻을 가지게 됐다.

최근 A교수는 학생에게 "남자친구랑 갈 때까지 다 갔다며? 나랑은 뽀뽀까지 하면 되겠네. 속옷 사이즈가 어떻게 돼? 여자를 꼬시면 성추행이 아니다. 나를 꼬실 수 있겠느냐" 등의 발언을 한 것으로 전해졌다. 학생의 진술에 따르면 신체적으로는 볼이나 손등에 뽀뽀하거나 허리에 손을 두르는 행위를 했다. A교수는 학생을 토끼로 보고 사냥하듯이 몰아갔다. 사냥꾼이 총으로 몰아가듯 말과 행동으로 몰아갔다.

1971년 스탠포드 대학교의 심리학과 짐바르도(Zimbardo) 교수는 '모의감옥 실험'을 했다. 학생 24명을 선발해 교도관과 죄수 두 집단으로 나눠서 실험이 진행됐다. 실험 초기에는 서로 어색해하던 참가자들은 점점 자신들의 역할에 몰입했다. 처음에는 역할에 맞게 언어가 변화됐다. 이어서 행동도 자연스럽게 바뀌었다. 교도관 역할의 학생들은 언어폭력을 보이다가 가혹행위로 죄수역할을 하는 학생들을 다루었다. 죄수역할의 학생들이 반항하면 할수록 언어폭력과 가혹행위는 더욱 강해졌다. 실험 5일이 되자 성적 고문까지 이루어졌고, 결국 실험은 중단되었다. 짧은 이 실험에 참가했던 학생들은 엄청난 정신적 후유증을 가졌다.

이 실험은 강압적인 환경에서 인간의 심리와 행동이 어떻게 변하는지를 알아보기 위한 실험이었다. 이 실험과 서울대 성희롱 사건의 공통점은 바로 역할이다. 교수라는 역할은 말과 행동을 이용해 학생에 대한 강압이 가능한 위치다. 언제든지 토끼를 잡는 사냥꾼이나 사냥개가 될 수 있다는 것이다. 감옥이라는 환경과 대학교라는 장소의 차이일 뿐이다. 하지만 권한과 역할이 왜곡되거나 남용되다 보면 교수는 강압하는 교도관이 되고 대학교 교실은 감옥으로 바뀔 수 있다는 것이다.

생물학적으로는 인간도 동물로 분류한다. 하지만 짐승이라고 부르지는 않는다. 동물과 흡사한 약 3세 이전에는 신체적 욕구에만 의존하지만 언어를 배우면서 자아를 형성한다. 대인관계와 사회생활을 통해 도덕성이라는 초자아를 가지면서 인간들은 서로 '존중'이라는 개념을 가진다. 하지만 언어를 배우면서 자아를 형성하고 도덕성을 가지면서 초자아도 형성하지만 반대로 그렇지 못하면 '동물'이 아닌 '짐승'으로 남게 된다.

더 이상 대학교에 성희롱하는 교수들이 존재하지 않게 하기 위해서는 지식이 많고 적음은 물론 '존중심'이 많고 적음도 교수임용 기준의 핵심이 돼야 할 것이다.

닻anchor과 덫

태진아 억대 도박을 처음으로 보도한 시사저널USA 심 모 대표가 문제의 '20만 달러 요구' 녹취록에 대해 자신이 '덫'에 걸린 것이라고 주장했다. 심 대표는 2015년 3월 26일(한국시간) 시사저널USA 홈페이지에 게재된 '거짓은 진실을 이기지 못한다' 기사에서 이번 사건의 '전모'라면서 입장을 전했다.

심리학 용어 중에 '앵커링 효과(Anchoring effect)'라는 것이 있다.

앵커링 효과는 배가 정박할 때 닻을 내려서 움직이지 않게 하는 상태를 인간의 심리현상으로 설명한 표현이다. 배가 바다 아래로 내리는 닻이 있는 것처럼 사람도 마음 깊은 곳에 내리는 것이 있다. 그것은 바로 '처음 접하는 정보'다. 어떤 정보를 처음 접하냐에 따라 판단을 내릴 때 영향 받은 판단을 말한다. 이 판단은 늘 첫 정보에 편향된 혹은 왜곡된 것이다.

2006년에 독일 심리학자인 프리츠 스트랙(Frits Strack)과 토머스 무스바일러(Thomas Mussweiler)는 강간범 재판을 맡은 판사들에 대한 실험을 했다. 이 실험은 재판 중 쉬는 시간에 기자들을 시켜서 판사에게 질문을 하게 했다. 그 질문은 두 가지다. 하나는 "형량이 3년 이하냐?"고 다른 하나는 "형량이 1년 이하냐?"였다. 이 질문을 받은 판사들의 형량 선고는 다른 결과를 가져왔다. 전자의 결과는 평균 33개월의 징역형이었다. 후자는 25개월의 징역형이었다. 이 결과를 통해 알 수 있는 것이 바로 앵커링 효과다. 자신에게 처음 강요받는 질문의 정보가 무엇이냐에 따라 자신도 모르게 반응을 일으켜 판단에 영향을 받는 것이다.

태진아 억대 도박사건에서 아직 어느 쪽이 진실인지는 확인되지 않았다. 하지만 이 사건에서 태진아와 시사저널USA 각각 대중들에게 주는 첫 정보가 전혀 다르다. 즉, 앵커링 효과가 다르게 나타날 수밖에 없다. 태진아는 기자회견을 열어 눈물을 보이면서 감정에 호소를 하고 있다. 반면에 시사저널USA 측은 언론사임에도 불구하고 명확한 사실정보가 부족하다. 이러한 상황에서 대중들은 감정의 앵커링과 불충분한 사실정보의 앵커링에 따라 다르게 판단하게 된다.

뇌 속에는 이성을 다루는 대뇌피질이 있고 감정을 다루는 변연계가 있다. 인간의 행동을 결정하는 것은 실제로 이성의 뇌가 아니라 감정의 뇌가 답이다. 완벽한 100% 정보가 사실이면 흔들리지 않겠지만 비슷한 상황에서는 결국 감정의 뇌가 결론을 내린다. 그 결론에 따라 행동을 하게 된다. 대중들은 명확하게 증거를 밝혀주지 못하는 시사저널USA의 반응에는 이성의 뇌(대뇌피질)조차도 덜 작동을 할 뿐만 아니라 기자회견에서 눈물로 호소하는 태진아를 보며 감정의 뇌(변연계)가 크게 작동하는 것을 볼 수 있다.

나중에 시사저널USA 측에서 더 많은 정확한 자료를 공개한다 하더라도 대중들의 말과 행동은 무의식적으로 눈물로 호소가 된 감정에 여전히 머물게 될 가능성이 높다. 이러한 현상은 '각인형상(Imprinting)'이라고 한다. 조류들은 알에서 부화한 뒤 이틀 정도에 처음 눈에 들어온 대상을 자신의 어미로 인식하고 따라다닌다. 이러한 현상을 각인현상이라고 한다. 가수 태진아는 TV에서 노래하는 모습을 통해 시각적으로 대중들에게 각인시킨 이미지와 첫인상이 있다. 그런 모습은 잘 바뀌지 않는다. 한 번 만들어진 뇌 속에 새겨진 기준은 잘 변하지 않는다. 하지만 그를 믿고 따라준 팬들은 감정의 바다에 내린 닻을 올리고 먼 바다로 떠날 가능성이 높다.

도덕성과 초자아

성완종 전 경남기업 회장의 '자살'의 원인에 대해 '에로스와 타나토스'로 분석한 이후 주변에서 또 다른 주제로 끊임없이 질문을 해왔다. 질문의 핵심은 '유서'에 쓰인 내용이 (심리학적 관점으로 봤을 때) 사실인지 거짓인지 알려달라는 것이었다. 엄격히 말하자면 유서는 유족들이 가지고 있어서 확인할 수 없다. 이보다는 주머니에서 발견된 쪽지의 내용이 주된 관심일 것이다. 그래서 심리학적 관점에서 '쪽지'와 관련해 분석해 보도록 하겠다.

추리(推理)를 하는 것과 심리(心理)를 아는 것은 다르다.

추리는 눈에 보이는 물질의 결을 살펴보는 것을 말한다. 반면에 심리는 눈에 보이지 않는 사람의 마음의 결을 살펴보는 것을 말한다. 성 전 회장이 남긴 쪽지 그리고 그 위에 적혀 있는 내용과 성 전 회장의 마음의 결을 연결하는 것은 쉬우면서도 어렵다. 자살할 때 남기는 유서나 쪽지와 그 사람의 마음을 연결하는 일은 쉽게 보이지만 어렵기도 하다.

유서는 '잘라서 내려놓는 것'을 말한다.

유서(遺書)를 '유언을 적은 글'이라는 뜻이다. 여기서 '유(遺)'는 귀한 것(貴)이 쉬엄쉬엄 떠나간다(?)는 의미를 갖는다. 즉, 자살하기 전에 남기는 유서나 쪽지는 자신이 생에 가장 중요한 것을 종이 위에 급하게 써 내려 가는 것이 아니라 천천히 내려놓으며 버린다는 뜻이다. 영어로 유서는 'will'이다. 조동사로 많이들 알지만 명사로는 '유서'로 사용된다. 어원은 옛 독일어인 'wiljon'에서 왔다. 그 뜻은 '결심(Decision)'이다. 자살(Suicide)은 스스로를(sui=self) 죽이는 것(cide=cut)이지만 결심(Decision)은 혼란스런 마음을 잘라서(cide=cut) 내려놓는 것(de=down)을 말한다. 다시 말하면, 유서는 '결심'이고 결심은 자신의 마음을 정리해서 내려놓는 것을 말한다.

유한양행 유일한 박사는 자신의 유서에 자신의 주식은 학교에 기증하게 했다. 또 아들과 조카를 해고시키고 회사는 전문 경영인에게 맡

기라고 유서를 썼다. 보통의 사람들이 자신의 남은 재산을 자식에게 남겨주는 유서와는 다른 결심의 내용이다. 그래서 특별한 사람의 유서로 우리는 기억한다. 보통 사람들의 유서든 특별한 사람인 유일한 박사의 유서든 자신들의 삶을 마무리하면서 남긴 '유서'에서 자신들의 마음을 정리해서 내려놓는 '결심'을 적었다. 그만큼 혼란스런 마음을 잘라서 내려놓는 것은 힘든 일이다.

정신분석학자인 프로이트(Freud)는 인간의 무의식 안에는 삼층의 결이 있다고 했다.

가장 밑에는 원초아(Id), 그 위에는 자아(Ego), 그리고 그 위에는 초자아(Super-ego)가 있다고 했다. 원초아는 본능적인 무의식의 나이고, 자아는 현실적인 나다. 그리고 초자아는 도덕적인 나를 말한다. 정몽헌 전 현대그룹 회장 등 기업인으로서 자살한 경우를 보면 경제적인 이유를 떠나 '도덕성'에 대해 누구보다도 스스로에게 엄격했던 사람들이다. 아마 성 전 회장의 자살과 유서도 어머니에게서 받은 도덕적 억압에서 나온 결과가 아닌가 생각된다.

"어려웠던 시절에 받았던 도움을 사회에 되돌려 주라"는 어머니의 유훈을 실천하려고 장학재단을 만들지만 그가 가장 두려웠던 것은 바로 도덕성의 오해였다.

성 전 회장은 "장학생들이 내가 세금 떼먹은 돈으로 장학금 준 것으로 오해하지 않겠느냐"라고 동생들에게 말했다고 한다.

성 전 회장이 유서에서 어머니 묘소 옆에 묻히고 싶다고 부탁한 것은 마지막 도덕성의 초자아를 드러낸 것이 아닌가 생각된다. 성 전 회장의 유서와 쪽지에 적혀 있는 '내용'이 그가 마지막 가는 길에 자신의 혼란스런 마음을 잘라서 내려놓은 것이라면 스스로는 덜 혼란스러울 것이다. 하지만 그가 떠난 이 세상에 쪽지에 나온 사람들을 직접 손으로 뽑은 국민들에게는 더 큰 혼란을 주고 갔다.

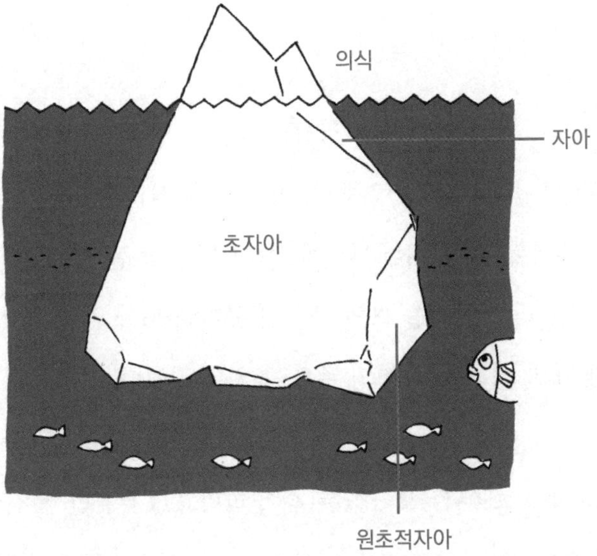

뮌히하우젠 증후군 Münchhausen syndrome

이성애 경남도의원이 일명 '문자메시지 파문'에 대해 2015년 4월 6일 해명했다. 이 의원은 최근 '무상급식 재개'를 호소하는 학부모의 문자메시지에 "문자 남발할 돈으로 급식비 당당하게 내세요"라고 답신을 보낸 사실이 공개돼 도마 위에 올랐다.

이에 대한 이 의원 해명의 주요 내용은 이렇다.

"(문자를 보낸 학부모가) 앞뒤 다 잘라먹고 그 부분만 캡처를 했더라. 그 분도 연달아서 (문제의 답신을 보내기 전) 6번 문자를 보내왔다. '이 분도 또 시작이구나' 싶어서 순수한 학부모가 아니고 '이 분도 이런 식으로 해서 마지막에 가서는 욕설을 하고 마무리 짓는 그런 분이구나' 싶어가지고 제가 (그런) 답을 한 것"

이에 불구하고 이 의원의 답신에 대해 논란이 계속되고 있다.

심리학 용어로 설명하지 않아도 누구나 아는 것이 바로 '기억상실증(Amnesia)'이다.

심리학에서는 기억상실증을 다섯 가지로 나눠서 분석한다. 새로운 정보를 받고 단기기억이 되지 않는 것을 전향 기억상실증(Anterograde amnesia)이라고 한다. 반대로 장기 기억상실증을 역행 기억상실증(Retrograde amnesia)이라고 한다. 특정한 사건에 대한 기억을 상실한 것은 일부 기억상실증(Lacunar amnesia)이라고 한다. 어린 시절의 사건을 기억하지 못하는 것은 유아 기억상실증(Childhood amnesia)이라고 한다. 마지막으로 모든 기억을 상실하는 것을 완전 기억상실증(Global amnesia)이라고 한다.

대부분의 정치인들이 이 '기억상실증'을 앓고 있는 것 같다.

이 의원의 당시 상황도 이해가 안 되는 것은 아니다. 하지만 이걸 생각해보자.

정치인들은 선거전이 한참 진행될 땐 귀찮은 티 한 번 안 내고 생글생글 웃으며 유권자들의 손을 잡고 악수한다. 말하는 건 또 어떤가. 한마디 한마디가 자신은 한없이 마음이 열린 사람이라는 걸 강조한다. 자신의 의견과 생각을 국민들과 공유하기 위해 물불 가리지 않을 태세이다.

그런데 당선이 된 후엔 바뀐다. 당선 전에는 그 유권자가 어떤 사람인지, 그 사람이 자길 얼마나 귀찮게 하는지 묻지도 않고 따지지도 않고 온화하고 차분했다. 그런데 가슴에 배지를 달고 나면 자신에게 얘기하고 있는 유권자가 순수한 사람인지 불순한 사람인지 구분하려 한다. 그리고 자신이 들어줄 수 있는 말의 선을 정한다.

한마디로 '유권자'가 아닌 '무권자'로 보고 귀찮아하는 태도를 보이는 것이다. 단 며칠 혹은 몇 달 만에 국민이 누구인지를 잊어버리는 것은 '정치 기억상실증'이라는 또 다른 기억상실증 종류에 넣어야 할 것 같다.

이 의원의 태도도 바로 이런 기억상실의 문제를 드러냈기 때문에 국민들의 질타를 받는 것이다. 학부모들의 생각이 자신과 다르다 하더라도 선거를 치르던 기간에 보였던 낮은 자세가 아닌 권력을 가진 높은 자세를 보였다는데 국민들이 실망을 한 것이다.

심리학 용어 중에 '뮌히하우젠 증후군(Münchhausen syndrome)'이라는 게 있다.

이 용어는 1720년 독일인 뮌히하우젠이라는 사람이 군인, 사냥꾼, 스포츠맨으로 자신의 일들을 거짓말로 꾸며서 사람들에게 들려준 이야기를 각색, 1793년에 '뮌히하우젠 남작의 모험'이라는 책을 출판하면서 생겨났다. 거짓말을 병적으로 하는 '허언증'이 바로 이 사람의 이름에서 유래된 뮌히하우젠 증후군이다. 정치인들은 선거 유세를 할 땐 국민의 말에 귀를 기울이겠다고 한다. 하지만 선거 후에 귀를 닫고 권력이라는 독배를 기울인다. 국민의 손과 발이 되어 섬기겠다고 하지만 손과 발을 묶고 정치인들 자신들의 결정을 섬기고 따르라고만 한다.

선거의 '후보자'를 영어로 'candidate'이라고 한다. 이 말의 어원은 라틴어 '흰, 하얀'이라는 뜻의 'candidus'에서 유래됐다. 로마 공화정의 후보자들은 자신들의 행동과 마음이 깨끗하다고 '결백'을 주장하기 위해서 흰옷을 입었다. 선거만 끝나면 거짓말을 밥 먹듯 하는 '뮌히하우젠 증후군' 정치인들과 유권자를 무권자로 보는 기억상실증 정치인들에게 이불에 오줌 싸면 키를 머리에 쓰고 소금을 얻으러 가게 한 전통처럼, 국회에서는 흰옷을 입혀 국민들에게 신뢰를 얻어오라고 시켜야 할 때가 오길 바란다.

권력을 가진 정치인들이 낮은 자세로 봉사하게 만들려면 국민들 스스로가 '기억상실증'에 빠지면 안 된다. 국민들은 무권자가 아닌 '국가의 주인인 유권자'임을 잊어서는 안 될 것이다.

허언증

상처가 별로 없는 사람과 상처가 많은 사람 중에 누가 더 아플까?

"그래 가지고 오줌 먹는 사람들 동호회가 있어, 동호회. 그래 가지고 옛날에 삼풍백화점 무너졌을 때 뭐 21일 만에 구출된 이 여자도 다 오줌 먹고 살았잖아. 그 여자가 (오줌 먹는 사람들 동호회) 창시자야, 창시자."

개그맨 장동민 씨가 팟캐스트 '꿈꾸는 라디오'에서 한 이 발언이 문제가 되고 있다. 이전 여성 비하 발언에 이어 또다시 붉어진 장동민 '조롱 2탄'인 셈이다.

2013년에도 장동민은 동료인 유세윤의 음주운전 후 복귀에 대한 질문에 "범죄자랑하기 싫다. 제가 이미지 관리를 굉장히 중요하게 생각하는데 제 이미지도 안 좋아질 것 같다"고 농담을 했다.

JTBC 〈마녀사냥〉에서 장동민은 "상무도 힘들었는데 잘 되고 있다. 뭐, 부모님 이혼도 하시고"라고 농담했다. 이렇게 옹달샘으로 같이 활동하는 장동민, 유세윤, 유상무 세 사람은 서로에 대한 가정사나 개인사의 아픔을 개그에 사용하면서 아무렇지도 않은 듯 웃어왔다.

하지만 이런 방식으로 만드는 웃음은 그것을 시청하는 대중들과 옹달샘 멤버들 모두에게 부정적인 영향을 남기게 된다.

많은 아픔의 과거를 가지고 있는 사람과 마음의 상처를 거의 받지 않고 살아온 사람 중에 새로운 마음의 상처를 가진다면 누가 더 아플까?

정답은 이미 과거에 아픔을 많이 겪은 사람이다. 대부분의 사람들이 오해하는 것은 많이 아파봤으니까 또 다른 아픔을 쉽게 이겨낼 것이라고 생각한다. 하지만 절대 그렇지 않다. 마음 아픈 사람에게 또 다른 아픔을 주면 과거에 겪은 아픔의 정도에 더 큰 울림을 주게 된다. 보통은 어린 시절의 트라우마 경험이 뇌 속의 생화학적 작용을 왜곡시킨다. 그 결과 스트레스 호르몬이 과다하게 분비되고 점점 더 신경이 예민해진다. 성인이 되면 사소한 스트레스까지도 호르몬 방출 체계를 무너뜨리고 온몸이 경보 태세가 되고 무기력해지고 또 우울해진다.

반대로 마음의 상처를 거의 받지 않은 사람은 새로운 상처를 주면 마음 안에서 상처를 받지 않으려고 거부하고 방어한다. 스스로 '자가

치료'를 하게 되는 것이다.

이런 '심리적' 관점에서 보면 옹달샘 멤버들이 서로의 아픔을 이야기하면서 아무렇지도 않은 척하는 것은 부끄러움과 창피함의 감정이 무뎌질 정도로 서로를 반복적으로 아프게 했다는 것을 증명해 보이는 것이다. 감정이 무뎌지는 것이 제일 위험하다. 아픈데 아프다고 말하지 못하는 것만큼 위험한 것은 없다.

심리학에서는 '부끄러움'과 '창피함'을 구분한다.

부끄러움의 감정은 자기 마음속에서 일어나는 감정으로 '양심'과 함께하는 개념을 말한다. 양심에 가책을 느끼는 내면적 감정을 바로 '부끄러움'이라고 말할 수 있다.

반대로 창피함의 감정은 내면이 아니라 타인으로부터 오는 감정을 말한다. 예를 들면, 남들 앞에서 발표를 하고 자리로 돌아왔을 때 바지 지퍼가 열려 있는 것을 알게 되면 '창피함'을 느끼게 된다. 남이 안 본다고 해서 지갑을 훔치거나 비도덕적인 행동을 했을 때 마음속에서 양심의 가책을 느끼는 것은 '창피함'이 아닌 '부끄러움'이 올라오는 것이다.

장동민의 여성 비하 발언에 이어 삼풍백화점 생존자에 대한 조롱을 아무렇지도 않게 팟캐스트 방송에서 하는 것은 대중들의 질타로부터 오는 '창피함'이 무뎌졌다. 또 스스로도 도덕적으로 양심의 가책을 느끼는 '부끄러움'까지 무뎌진 것을 알 수 있다. 감정이 무뎌진 것은 그만큼 스스로의 감정을 조절하는 기능이 망가졌다는 것을 의미한다. 망가진 기능을 고쳐주는 것은 대중도 아니고 옹달샘 멤버들도 아니다. 오직 자기 자신이 고칠 수 있는 것이다. 남을 조롱하는 개그를 통해 자신이 행복해지려 하지 말고 의미 있는 개그를 통해 대중들을 행복하게 하겠다는 초심을 되찾기를 바란다.

아빠와 경쟁, 엄마와 경쟁

최근 소셜네트워크 서비스(SNS)에 자신들의 신체를 사진 찍어 노출하는 일이 많다는 보도를 봤다. 노출과 노출증의 원인에 대해 심리학적으로 분석해 보도록 하겠다.

노출(露出)은 '이슬 노'와 '나가다 출'이 합쳐진 단어다. 이 말은 구름 속에 숨어 있던 이슬들이 구름 밖으로 나오는 것을 말한다. 사람들이 자신의 신체나 모습을 SNS에 올려 노출하는 것은 숨어 있던 자신의 삶의 일부를 남들과의 관계망 속으로 내어 놓는 행위다. 행동의 뒤에는 감정의 원인이 숨어 있다. 몸의 온도가 올라가 덥기 때문에 옷을 벗는 경우도 있고 화가 나서 벗을 때도 있는 것과 같다. 몸의 변화와 더불어 감정의 변화가 행동의 원인이 되는 것이다.

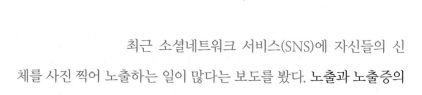

1902년 러시아 생리학자인 이반 페트로비치 파블로프(Ivan Petrovich Pavlov)는 개가 자신의 주인의 발자국 소리만 들어도 침을 흘리는 조건 반사(Conditioned reflex)를 발견했다. 이 실험은 고전적 조건화(Classical conditioning) 실험이라고도 부른다. 이 실험에서 보면 개는 음식을 보면 무조건적으로 침을 흘리는 반응을 보이지만 종소리에는 반응을 보이지 않는다. 하지만 종소리를 먼저 들려주고 음식을 주는 행위를 반복하면 개는 종소리만 듣고도 침을 흘리는 무조건 반응을 보이게 된다.

연예인들이 SNS에 자신들의 사진을 올려 노출하는 이유는 대중들에게 잊혀지는 게 두렵기 때문이기도 하지만 '파블로프의 개' 실험에서 사용된 종소리처럼 SNS에 올렸을 때 대중들의 '좋아요' 반응에 중독되기 때문이다. 계속해서 '좋아요' 반응을 받고 싶은 마음이 심해져서 단순한 사진이 아니라 자극적인 사진으로 발전하게 되는 것이다.

연예인들과 달리 일반인들이 SNS에 자신들의 신체를 찍어 올리는 경우는 조금 다른 이유일 수 있다. 정신분석학적인 관점에서는 보수적이고 엄한 가정에서 자란 사람들이 억눌렸던 성을 나중에 성장해서 과도하게 표현하는 것으로 보고 있다. 남자의 경우 아들로서 어머니에게 애정을 품고 아버지를 경쟁자로 인식하면서 반감을 가지게 된다. 이때 아버지에게 억눌린 성을 가지고 있는 오이디푸스 콤플렉스(Oedipus complex)와 반대로 여자의 경우 딸로서 아버지에게 애정을 품고 어머니를 경쟁자로 인식하면서 반감을 가지게 된다. 이때 어머니에게 억눌린 성을 가지고 있는 엘렉트라 콤플렉스(Electra complex)가 성인이 된 후에 나타내는 것이 바로 노출증의 한 원인이 된다.

남자의 경우 일명 '바바리 맨'이 오이디푸스 콤플렉스가 그 원인이 되는 경우가 많다. 엄격하고 보수적인 가정에서 성에 억눌린 경우 비정상적인 방법인 '바바리 맨'으로 스스로를 묶었던 끈을 풀어 버린다. 또 남녀가 사랑을 했지만 나중에 그 사랑에 실패한 경우 다른 주변인들을 통해 공허한 마음을 채우기 위해 자신의 신체를 찍어서 올리는 경우도 있다.

사람은 누구나 노출증이 조금씩은 있다. 하지만 이제는 의미 없는 신체 노출보다는 감동과 가치 있는 사람 냄새나는 노출증이 이슈가 되길 바란다.

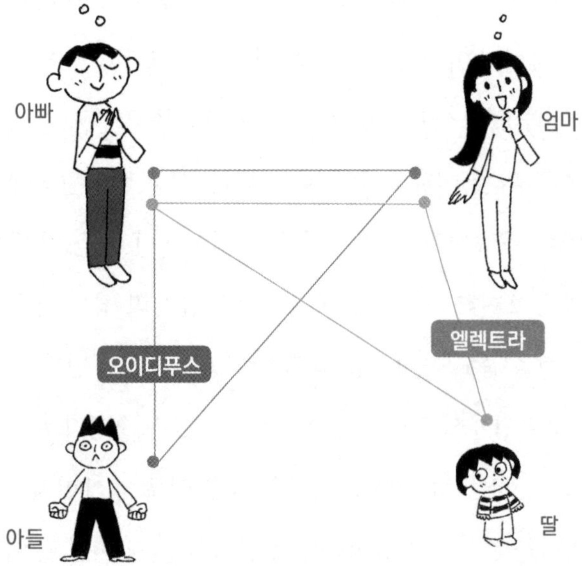

종이책과 E-book

독서율과 독서량은 다른 말이다.

문화체육관광부가 조사한 바에 따르면 성인 독서율이 2010년 65.4%에서 2011년 66.8%, 그리고 2013년 71.4%로 증가하고 있다. 정기간행물, 잡지나 만화를 뺀 일반도서만을 말한다. 성인 독서량은 2010년 10.8권, 2011년 9.9권, 2013년 9.2권으로 감소하고 있다. 이 자료를 보면 책이 아닌 인터넷이나 스마트폰을 통해서 단편적으로 지식을 습득하면서 서강대학교는 9,954권을 폐기했다. 한국교육학술정보원에 따르면 전국 각 대학도서관은 2013년도 한 해 총 67만 권이 폐기되었다. 전자책 보급이 확대되면서 종이책이 설 자리가 줄어들고 있는 현실을 그대로 반영하는 실정이다.

태어나면서 스마트(Smart) 시대에 살아가는 디지털 원주민들이 있다. 반대로 태어나면서 스마트하지 않고 세상의 변화를 생각, 가슴, 몸을 사용해서 능동적으로 직면해야 하는 시대에 살아가는 디지털 이방인들이 있다.

사람들은 스마트 시대가 쉽고 빠르고 편리하다고 생각을 한다. 쉽고, 빠르고, 편리한 것일수록 생각의 빈도는 줄어들게 되어 있다. 생각이 줄어들면 머리의 아픔은 줄어든다. 하지만 그만큼 더 아프게 되어있다. 실제로 영어 'smart'는 우리가 알고 있는 '똑똑한'이라는 뜻만 가지고 있는 것이 아니라 '쑤시고 아프다, 마음이 상하다'라는 뜻이 존재한다. 스마트 시대에 살아가는 디지털 원주민들은 생각이 덜 아픈 시대에 살아가지만 그만큼 더 아프고 마음이 상하게 될 것이다.

종이에 인쇄되어 나오는 책은 책의 냄새를 가지고 세상에 태어난다.

사람처럼 냄새가 있는 것이다. 사람의 코에는 350개의 수용체가 있다고 한다. 다양한 냄새를 통해 식욕을 돋우는 역할도 하지만 냄새는 기억을 끄집어내는 역할도 한다. 냄새를 맡는다는 것은 단순한 감각을 넘어서 언어의 기억을 살리는 작업을 한다. 독자들에게 있어서 아무리 편하더라도 전자책이 큰 '매력'을 끌지 못하는 이유는 바로 '냄새'에 그 비밀이 있다. 눈을 감고 코를 막은 상태에서 양파와 사과를 먹는 실험을 하면 대부분이 이 둘을 구분하지 못한다. 무엇이 양파이고 무엇이 사과인지 구분을 하지 못한다. 그만큼 냄새라는 것은 '정의'를 내리는 데 핵심역할을 담당한다. 냄새가 뇌를 자극해서 언어적 개념을 만들어내어 몸의 행동을 유발하게 된다.

실제로 일정한 공간에 여성들이 같이 거주하게 되면 생리 주기가 동시에 발생하는 것을 관찰할 수 있다. 흥분을 운반한다는 뜻의 페레인(Pherein)으로부터 유래된 페로몬(Pheromone)은 다른 동물체에 영향을 주기 위해 분비되는 화학물질이다. 이 호르몬의 구조가 사람의 냄새와 공통분모를 가지고 있다. 이처럼 냄새라는 존재는 글자가 인쇄되어 있는 책에도 존재한다. 책에서 나오는 냄새를 의식하면서 맡는 것은 아니지만 독자들이 무의식적으로 냄새에 익숙해져 간다.

갓 태어난 아기의 경우에 처음 몇 시간 동안 냄새로 엄마를 인식한다. 10일 정도 걸려서 엄마의 젖가슴 냄새를 완전히 알아낼 수가 있다. 엄마와 아기의 접촉을 통해 엄마와 아기의 냄새를 서로 비슷하게 만들게 된다. 특히 남자아이의 경우 어른이 되어서 배우자를 선택할 때 어렸을 때 엄마에게 맡았던 냄새를 풍기는 여성을 아내로 택한다는 연구도 있다. 그만큼 책과 독자 사이에 가지게 되는 냄새는 단순한 개념을 넘어서 매력으로까지 이어진다. 책에 쓰여 있는 글자에도 매력과 냄새가 존재하는 것이다.

'라면'이라는 단어를 읽기 되면 '매운 냄새'의 개념을 떠올리게 된다. '귤'이라는 단어를 읽기 되면 '새콤달콤한 신맛의 냄새'의 개념을 떠올리게 된다. 이렇게 글자 안에도 맛과 냄새가 존재한다. 어떤 글자들을 맛보고 냄새 맡으며 이야기를 읽어나가느냐는 글을 읽는 사람의 마음무늬를 어떤 식으로 만들어 가는지를 결정하게 된다. 그렇기 때문에 전자책보다는 종이책이 많이 읽혀져야 할 것이다.

대중은 왜 연예인의 사생활에 관심을 가질까?

최근 연예인들의 열애, 결혼 관련 기사가 2~3일씩 포털 검색어에 올라 있다. 연예인 소식은 내용에 따라 그날 하루의 모든 이슈를 '지배할' 정도로 대중의 높은 관심을 받는다.

이러다 보니 이민호·수지, 류수영·박하선 커플의 열애 소식 등이 전해진 이유가 이명박 정부의 2,800억 비리 의혹을 덮기 위한 것 아니냐는 '음모론'까지 나오는 장면이 연출되기도 한다..

연예인들의 열애나 결관과 같은 경조사에 대중의 관심의 심리적 배경은 과연 뭘까.

심리학 용어 중에 '플라시보효과(Placebo effect)'라는 게 있다. 약효가 없는 약을 먹고도 효과 때문에 병이 나아진 것 같은 현상을 말한다. 우리말로 하자면 '가짜 약 효과'다. 약에는 생물학적 효과를 가지고 올 성분이 없는 데도 효과가 있다고 믿게 만드는 '심리적 영향'을 노리는 것이다.

대중들이 연예인들의 소식에 관심을 가지는 이유 중 하나도 이 '플라시보효과'이다. 특히 결혼의 경우 좋아하는 연예인이 사랑하는 대상이 생겼다는 것에 안타까운 마음을 위로받는 효과를 가지게 된다.

물론 반대인 경우도 있다. 이것은 '노시보효과(Nocebo)'라고 한다. 실제로는 무해하지만 해롭다는 정보를 주면 약을 먹는 사람은 해롭다는 믿음 때문에 진짜로 그 영향을 받는다. 팬으로서 좋아하는 연예인이 결혼을 하거나 연예 사실이 밝혀지는 경우에는 자신과 무관한 것처럼 보이지만 자신을 떠난 것과 같은 믿음 때문에 몸이 아프고 마음이 힘들게 된다.

또 다른 이유는 '대중적 관음증(Voyeurism)'에 있다. 옥상에 올라가 지나가는 타인을 몰래 관찰하면서 즐거워하는 것이나 TV에 나오는 연예인들을 관찰하면서 기뻐하는 것은 미디어 관음증에 해당한다. 연예인들을 좋아하고 그들의 생활을 몰래 볼 수 있게 도와주는 기사나 〈디스패치〉의 보도와 같이 연예인들이 사랑을 나누는 과정을 시간의 순서와 장소의 경로까지 공개해 가며 상세히 보여주는 것도 같은 맥락에서 대중적 관음증을 만드는 요인들이다. 이런 과정은 마치 대중들이 옥상에서 타인의 행동을 몰래 보면서 즐거움을 느끼는 현상과 같다.

관음증은 중독이 되면 더 상세하고 더 깊은 곳까지 눈으로 확인하고 싶어진다. 이 과정이 과해지면 더 이상 재미나 기쁨이 생기지 않는 부작용도 온다. 연예인들의 사생활 공개가 당연하게 여겨지는 순간 대중들은 중독을 넘어서 당연한 일상으로 여길 수도 있다. 마치 영화 트루먼 쇼에서 하루 24시간 주인공의 삶을 생방송하는 것을 아무런 생각없이 시청하는 대중들과 흡사한 것이다. 영화 트루먼 쇼에서 이런 대사가 나온다.

"우리는 누구나 보여지는 세상이 진실이라고 믿고 살기 마련입니다(We accept the reality of the world with which we're presented)."

플라시보효과

마지막으로 집단의 압력에 의해 개인이 태도와 행동을 변화시키는 현상인 '애쉬효과(Asch effect)'도 하나의 원인이 된다. 이것은 동조현상이라고도 한다. 남이 보니까 나도 보는 것이다. 개인은 결국 집단에 속해 있기 때문에 따라가는 현상을 나타낸다. 포털 사이트를 통해 집단적으로. 일제히 보도되는 연예인들의 열애와 결혼과 같은 기사에 대중 속 개인은 기사를 보고 댓글의 흐름에 맞게 쓰는 동조현상에 휘말리게 된다. 이런 현상에서 보면 자신의 생각이 집단의 생각에 맞추게 된다. 내가 아닌 집단 속의 또 다른 내가 형성되는 것을 말한다.

TV 속 화면에 보여지는 연예인들의 모습에 열광하기보다는 거울 속에 비취는 나의 모습에 더 관심을 가져야 할 것이다

술자리 끝과 마지막 술자리

2015년 2월 6일 인천지역의 한 초등학교 여교사가 '교감에게 성추행을 당했다'고 신고해 경찰이 수사에 나섰다.

경찰청은 "A교감이 지난해 7월 노래방에서 교사들과 가진 모임 '뒷풀이' 자리에서 자신을 성추행했다는 신고가 들어와 수사를 진행 중"이라고 밝혔다.

모의감옥실험으로 유명한 스탠퍼드대 심리학과 짐바르도(Zimbardo) 교수는 1969년 흥미로운 실험을 했다.

두 대의 중고 자동차를 슬럼가 골목에 세우고 모두 보닛을 열어 뒀다. 한 대는 정상적인 자동차였다. 하지만 또 다른 자동차는 유리창을 약간 깨뜨려 놨다. 1주일 후 두 자동차의 모습을 관찰했다. 정상적인 차는 변화가 거의 없었다. 반대로 유리창을 조금 깨뜨려 놨던 차는 거의 폐차 수준이 됐다. 유리창은 전부 작살나고 배터리는 없어졌고 타이어는 낙서투성이였다.

이 실험을 토대로 1982년에 범죄심리학자인 제임스 윌슨과 조지 켈링이 '깨진 유리창 이론(Broken Window Theory)'을 발표했다. 변두리 지역에 유리창 하나가 깨진 집을 그대로 뒀다. 그 결과 폐허처럼 됐다. 지나가는 사람들이 깨진 창문을 보고 그 건물을 버려진 집으로 생각해 돌을 던졌다. 멀쩡한 유리창들도 깨졌다. 집 주변의 벽에는 낙서로 뒤덮였다.

이 실험은 '작은 무질서'가 '심각한 범죄'로 이어질 수 있다는 연결성을 증명하는 것이다.

학교에서 아이들을 가르치고 보호해줘야 할 교사들의 문제는 작아 보이지만 근본적으로 조금 깨진 유리창을 제거하지 않으면 결국 전체가 무너져 버릴 수 있다. 교장, 교감, 교원의 구조적인 시스템의 문제가 있다면 바꿔야 한다. 하지만 시스템의 문제보다는 선생님들의 '성(性)'에 대한 올바른 인식과 지속적인 교육이 이뤄져야 한다. 교원의 성 문제가 아이들에게 부정적인 영향을 미치지 않게 막아야 하는 것도 동시에 관심을 가져야 할 것이다.

실제로 '깨진 유리창 이론'이 뉴욕 지하철에 적용이 됐다. 지하철에 있는 낙서를 모두 지우기 시작했다. 그 결과 놀라운 일이 일어났다. 범죄율이 50% 이상 줄어들었다.

우리나라의 문제이기도 한 '음주문화'를 다시 한 번 점검해봐야 한다. 학교 선생님들이 술자리를 가지며 지위를 이용해 갑과 을의 구조를 만들게 된다. 이러한 구조에서 성 문제를 일으키는 것은 학교에서의 조직적 관계를 음주문화에서도 적용하기 때문에 반복해서 발생하게 되는 것이다.

'끝 술자리'가 아니라 '마지막 술자리'가 되길 바란다.

끝과 마지막이라는 말은 비슷하게 느껴지지만 다른 의미를 가지고 있다. 끝은 과정 중에 개별 사항의 맨 나중 부분을 의미할 때 사용하는 것이다. 이런 초등학교의 성 문제가 성숙한 성 문화를 갖추는 데 일어나는 과정 중의 개별 사항으로 끝이 아니라 모든 성 문제의 '마지막' 사건이 되길 바란다.

눈총eyesore도 총gun이다

2015년 3월 25일과 27일에 각각 충남 세종시와 경기 화성시에서 연달아 총기사건이 일어났다. 이러자 엽총과 공기총 등 총기류에 위성위치확인시스템(GPS) 부착 및 위치 추적이 의무화되고 개인의 소량 실탄 및 소형 공기총 소지도 전면 금지된다는 대응책이 나왔다.

이 두 사건 이후 국가는 총기관리의 문제를 해결하려고 노력하고 있다. 또 같은 범죄가 일어나지 않도록 모방심리를 막으려는 노력도 하고 있다. 하지만 범죄도구로 사용되는 총이 문제가 아니라 범죄를 저지르게 하는 '관계' 문제를 해결해야 하는 모습이 보이지 않는 것이 아쉽다. 이 두 사건에서의 핵심은 가족 또는 가까운 관계였다는 것이 핵심이다.

눈총(Eyesore)도 총(Gun)이다.

총의 종류는 다양하다. 가스총, 공기총, 권총, 소총, 엽총 등 무수히 많다. 목적은 크게 3가지로 나눌 수 있다. 첫째는 군대, 둘째는 경찰, 셋째는 사냥이다.

군대에서 총은 전쟁용으로 사용된다. 경찰에게 총은 방범치안, 범죄 진압 등의 목적으로 사용된다. 사냥은 말 그대로 짐승을 잡는 사냥용이다. 사용되는 장소에 따라 총기사건도 나눠지게 된다. 하지만 나눠지지 않는 것은 바로 '관계문제'이다. 관계문제를 보면 총을 쏘기 전 이미 '눈총'을 서로에게 쏘고 있던 것이 밝혀진다.

강원도 고성 GOP에서 일어난 임 병장 총기사건을 군대라는 '특수한 장소'의 문제로 볼 수 있겠지만 안을 들여다보면 그렇지 않다. 임 병장은 정확하지 못한 발음으로 인해 초등학교 때부터 따돌림을 당해왔다. 고등학교 때는 수업 중에 집으로 와 주방에 있는 칼을 가지고 나가려다 아버지가 말린 경험이 있다. 이때 친구들은 그를 '또라이'라고 놀렸다. 군대에서도 '할배(탈모)', '슬라임(허약)' 등으로 불렸다. 임 병장 사건의 원인은 '관계문제'였다.

2009년 4월에는 유부남인 전북 군산경찰서 소속 조 모 경위가 절도 사건을 조사하다 알게 된 미용실 여주인을 쫓아다니며 자주 드나들다 말다툼 끝에 권총을 쏴 살해하고 자신도 머리에 총을 쏘고 자살했다. 이 사건의 배경에도 결국 '관계문제'가 자리 잡고 있다.

2012년 2월에 충남 서산에서 성 모씨(34)가 전 직장 동료들에게 총 10발을 쏴 1명이 숨지고 2명이 부상당한 사건이 있었다. 이 사건의 원인도 자신이 전 직장에서 왕따를 당했다는 이유에서 총을 쐈다고 밝혔다. 2009년에는 충북 증평군에서는 고향 후배의 아들을 엽총으로 쏜 사건이 발생했었다. 이 사건의 원인도 그 아들이 자신을 무시했다는 이유에서 총을 쐈다고 밝혔다.

'무시(無視)'는 보지 않는 것을 말한다. 상담을 하다 보면 몇 십 년을 산 부부들에게 아무 말 없이 서로를 5분만 바라보게 해도 힘들어 한다. 그만큼 우리사회는 서로를 바라보지 않는다. 무시하게 되면 착시현상도 온다. 가족도 남으로 보는 것이다. 사랑하는 사람도 미움의 대상으로 보이는 현상이 일어나기도 한다.

국가는 이런 사건을 총기관리 시스템으로 바라보거나 모방범죄의 문제로 푸는 것도 필요하지만 국민들 간의 깨져 있는 '눈총' 관리부터 먼저 신경을 써야 할 것이다. 그래야 국민들이 정부와 국가를 향해 눈총을 쏘지 않게 될 것이다.

내적 자아와 공적 자아 그리고 가면

'탐사보도의 대가' 이영돈 PD가 '광고 출연' 논란에 휩싸이면서 결국 JTBC에서 출연 중인 프로그램을 모두 종영하기로 결정했다. 스스로도 광고에 출연한 부분이 잘못됐다며 자숙하겠다고 밝혔다. 대부분의 사람들이 문제의 발단으로 이 PD가 회사와 상의 없이 식음료 광고에 출연한 사실이나 '그릭요거트에 대해 다룬 직후'라는 광고 시점을 꼽는다.

하지만 진짜 문제는 다른 곳에 있다고 본다. 바로 이 PD의 '변화'이다. 당분간 이 PD를 TV에서 보기는 어렵겠지만 그는 분명히 'PD'에서 '연예인'이 되어 갔다.

나비와 하루살이가 하루를 열심히 놀고 헤어질 때가 됐다. 나비는 하루살이에게 이렇게 말한다.

"하루살이야! 우리 내일 만나자!"

'내일'이라는 개념이 없는 하루살이가 되묻는다.

"내일이 뭐야?"

이번에는 나비가 개구리와 하루를 열심히 놀고 헤어질 때가 됐다. 나비는 개구리의 말을 듣고 충격을 받았다. 개구리는 이렇게 말했다.

"나비야! 우리 내년에 또 만나자!"

이 PD의 변화는 하루살이와 나비 그리고 개구리가 살아가는 시간의 '개념' 차이를 스스로 방송을 하면서 겪게 된 결과라고 할 수 있다. 실제로 PD라는 말도 순수 영어가 아닌 일본식 말이다. 'Program Director'의 약어다. 또 'Producer'의 발음에서 PD를 만들었다고 하면 더 웃기는 일이다. 어찌됐던 PD의 일은 아이디어를 내고 취재나 제작, 개발 혹은 그 이상을 맡는 것이다. 즉, 콘텐츠의 총체적인 결정을 해야 하는 위치다.

따라서 프로그램을 그 누구보다 객관적인 관점에서 바라봐야 할 위치라는 건 당연하다. 하지만 프로그램 밖이 아닌 안으로 들어가 연예인들과 함께 토론하고 이야기하면서 '공적 이미지'가 자신도 모르게 형성됐다.

심리학에서는 '공적 이미지'를 '페르소나(Persona)' 혹은 '가면'이라고 부른다.

아이가 생후 6개월 정도가 되면 스스로를 인지해서 '초기자아 이미지'를 형성한다. 24개월이 지나면서 아이는 걷기 시작한다. 그러면서 '신체적 자아'를 가진다. 이때 부모가 어떤 모습을 보여주느냐에 따라 신체적 행동을 따라하게 된다. 숲에서 늑대와 함께 자란 아이는 동물처럼 기어다니는 신체적 자아를 가지게 되는 것과 같다.

5세쯤 되어서는 '내재적 자아'를 가진다. 이때는 유독 자신의 이름을 많이 부르며 자신의 '내적' 자아를 채운다.

"영돈이가 했어요.", "영돈이는 아파요." 이런 식으로 스스로의 이름을 부르면서 내적 자아를 채운다. 만약 이때 내적 자아를 채워주지 못하면 어른이 돼서 자신의 직책이나 이름을 다시 부르며 채우려고 한다. "이영돈 교수로서~", "이영돈 PD로서~" 이렇게 자신을 다시 채우게 된다. 자신의 프로그램이나 기사를 "이영돈 PD, 논리로 풀다"처럼 이름을 넣은 것도 유사한 심리적 표출이다.

6세에서 8세가 되면 남들에게 자신을 드러내 보이는 '공적 자아'를 형성한다. 남들과의 관계에서 자신이 어떤 사람으로 보이고 싶은지에 따라 '공적 자아(=페르조나, 가면)'가 크고 강하게 만들어진다. 이 PD는 자신의 이름이 SNL과 같은 프로그램에서 신동엽이 흉내를 내고 또 코미디언들에 의해 희화화 되는 것을 스스로도 즐겼을 가능성도 있다. 그 근거는 2013년 5월 27일 방송된 채널 A 자신이 진행하는 '이영돈 PD, 논리로 풀다'에서 연예인들의 수면유도제 프로포폴 문제를 다뤘을 때 엿볼 수 있었다.

방송에서 이 PD는 직접 마약류로 지정된 향정신성의약품인 프로포폴을 투약했다. 편안한 모습으로 깊이 잠에 빠지는 모습을 가감 없이 방송에 내보냈다. 이 방송을 본 시청자들은 '이영돈, 이건 아니잖아", "이영돈, 왜?"라는 반응을 쏟아냈다. 이렇게라도 보여주는 역할을 하다 보면 자신을 바라보는 '내적 자아'보다는 시청자들에게 보여지는 '공적 자아'를 강하게 만들었을 가능성이 높다. 심리학 용어 중에 '꾸바드 증후군(Couvade Syndrome)'이라고 있다.

이 증후군은 아내의 임신과 함께 남편들이 아내처럼 입덧을 하고 이상식욕과 식욕상실 혹은 요통 등의 임신부의 증상을 보이는 것을 말한다. 이 증상의 원인은 임신한 아내를 '시각'과 '후각' 그리고 '촉각' 등의 감각을 통해 심리적 반응을 보이는 것이다. 이 PD도 연예인들과 직접 방송을 같이하면서 대중들의 관음증을 즐기기 시작했을 것이고 또한 공적 자아가 너무 커져서 스스로도 회사와 맺은 약속에서 '강자'로 인식했을 가능성이 높다. 연예인들 옆에서 '시각', '후각', '

촉각' 등의 감각을 연예인의 것으로 바꿔서 PD가 아닌 연예인으로 변화됐을 수 있다는 것이다.

사람은 변한다. 몸도 성장하고 쇠퇴한다. 정신도 시간이 지나면서 미숙에서 성숙해지는 것이다. 하지만 변하지 말아야 할 것이다. 바로 '진심'이다. TV를 통해 시각으로만 판단하는 시청자들은 변하지 않기 때문이다.

부모의 사랑sex이 자녀의 관음증을 만든다

2015년 3월 10일 서울 동대문경찰서는 이 모씨(31)를 현주건조물방화미수 및 주거침입혐의로 붙잡았다고 밝혔다. 그런데 이씨가 '방화 미수범'이 된 이유가 독특하다.

이씨는 투숙객의 성행위를 보기 위해 모텔에 들어가 각 방을 돌아다니며 사람이 있는지 확인을 했다. 3층의 한 객실에서 인기척이 나자 창문 바깥 난간과 연결된 계단에서 30여 분간 기다렸다. 하지만 이씨의 '기대'와는 달리 객실 안의 커플이 잠만 자고 있자 순간 화가 나서 자신이 피우던 담배를 객실 이불로 던져 불을 지르려 한 것이다.

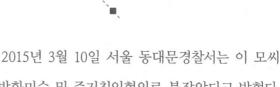

경찰에 따르면 이씨는 2007년에도 이와 비슷한 범행을 저지르다 적발돼 집행유예 선고를 받은 전과가 있었다. 평범한 사람들에게 황당하

게 다가올 수밖에 없는 이씨의 행각, 심리학적 관점에서 분석해 보도록 하겠다.

이 사건의 핵심 키워드가 성행위를 몰래 보려고 했다는 '관음증(Voyeurism)'이라는 건 굳이 전문가가 아니더라도 떠올릴 수 있는 사람은 많을 것이다. 하지만 하나 더 있다. 바로 '담배'다.

이전에 〈이슈 인 심리학〉에서 담배와 키스의 관계를 설명했던 적이 있다.

갓 태어난 아기가 엄마로부터 모유를 충분히 먹지 못하면 입 주변이 불만족한 상태로 남겨지게 된다. 이것을 구강기 고착화현상이라고 한다. 불만족한 상태의 입은 성장하면서 담배를 흡입하면서 혹은 입술주변을 만지면서 또는 말을 많이 하면서 다시 만족을 채우려는 심리가 나타난다.

그리고 이런 불만족이 시간이 지나 다시 만족하려고 나타나는 현상 중에 하나가 바로 '관음증'이다.

어린 시절 부모 등의 성교장면을 목격하거나 엿듣게 되면서 시각과 청각적 충격을 경험하게 되는 것이 관음증의 원인이 될 수 있다.

이런 종류의 시각적 충격은 아이가 성장하면서 정상적인 '성'의 개념을 자리 잡지 못하게 방해한다. 청각적 충격도 마찬가지다. 성욕은 성적 에너지다. 이 에너지를 리비도(Libido)라고 부른다. 성인이 된 후에도 어린 시절의 시각적 충격에 의해 정상적인 이성과의 관계의 만족을 방해한다. 그보다는 부모에게 받은 시각적 충격을 다른 이들의 성행위를 지켜보면서 여렸을 때 받은 성적 일탈을 비정상적으로 접하려고 한다.

이 관음증(Voyeurism)보다 더 무서운 것이 집단관음증이다.

TV나 스마트폰을 통해서 미성년자들이 시각적으로 받는 성에 관한 충격적인 개념들은 (사람들이 무의식적으로 보고 있지만) 앞으로 더욱 눈제가 될 것이 분명하다.

배우 이병헌과 이지연이 나눴던 카카오톡 대화나 클라라와 폴라리스 회장의 문자 메시지 내용은 사실 대중들이 느끼지 못할 뿐 의도치 않은 충격적 목격을 하고 있는 것과 같다.

특히 성에 대한 개념이 완전히 성립되지 않은 나이에 비정상적인 성에 관련된 내용과 장면을 접하는 건 훗날 관음증의 원인이 될 수 있다는 것이다.

우리는 스마트한 시대에 살고 있다. 요즘 스마트폰을 통해서 얻지 못하는 게 없다. 하지만 불필요하게 가지는 것들은 미래에 자신을 아프게 만든다.

공교롭게도 영어단어 'Smart'는 '똑똑한'이라는 뜻 이외에 '아프다', '쓰리다'라는 의미도 있다. 무분별하고 쉽게만 얻어지는 것들은 우리는 똑똑하게 만드는 것처럼 보이지만 결국 아픔을 선물로 줄 것이다.

고무손 착각현상

29일 청주 흥덕경찰서에 일명 '크림빵 뺑소니' 사건의 유력 용의자인 허 모씨(37)가 강력계 사무실을 찾아 자수했다. 그는 "숨을 쉴 수 없을 만큼 자책감을 느꼈다. 죄짓고 못 산다"라고 했다. 무엇이 그로 하여금 그만큼 자책감이 극에 달하게 했고, 자수에까지 이르게 했는지 분석해 보도록 하겠다.

심리학 용어 중에 '고무손 착각현상(Rubber hand illusion)'이라는 것이 있다.

진짜 손과 가짜 고무손을 팔에 연결하고 천으로 연결된 부위를 가린다. 그러면 사람은 자신의 팔이 두 개인 것처럼 보인다. 이때 가짜 고무손을 망치로 내리치면 아프다고 한다. 또 붓으로 가짜 고무손을 문지르면 간지러움을 느낀다고 한다. 이것은 '착각'이다. 실제로는 고무로 만들어진 장갑일 뿐만 아니라 감각이 전달될 수가 없다. 이것은 눈으로 보는 것, 즉 시각만으로도 감각을 느낄 수 있다는 것을 증명한 것이다. 사고로 손이나 발을 잃은 사람들이 존재하지 않는 신체부위에 대해 고통이나 감각을 여전히 느낀다고 하는 '환상사지(Phantom limb)'와 같은 원리다.

많은 남성들은 자신의 소유차량이 자신의 일부라는 인지를 하고 있다. 많은 시간 동안 차를 몰기 때문에도 그렇지만 차의 이름을 자신의 소유로 여기면서부터 신체 일부라고 여기게 된다. 차 사고가 난 장면에서 자신의 차와 동일한 경우 감정이입을 해 화를 내는 것이 그 증거이다.

이와 유사한 현상으로 휴대전화가 있다. 휴대전화가 없는데도 신체 일부에서 떨림을 느끼거나 소리를 들은 것 같은 현상을 경험한다. 22일에는 미국에서 고등학교 선생님이 학생의 스마트폰을 뺏으려 하자 선생님의 몸을 들어 바닥으로 내동댕이친 사건이 있었다. 이것 또한 스마트폰을 자신의 일부로 여기는 것과 같은 경험을 하기 때문이다.

이름의 경우도 인간은 태어나서 부모로부터 받은 이름을 자신과 결부시켜 일치시키는 과정을 겪는다. 말을 할 수 있는 36개월 정도쯤에는 이름과 자신을 동일시해서 반응을 보인다. 이것처럼 용의자 허씨는 '윈스톰'이라는 자신의 일부인 차량이 포털사이트에서 검색어까지 되는 등 최고의 이슈로 떠오르는 걸 보고 듣자마자 이제 자신이 완전히 들킨 것과 같은 경험을 했을 것이다. 이것이 그를 자수로 이르게 했을 가능성이 높다.

'크림빵 아빠'라는 이름으로 수백 개의 기사가 쏟아져 나오면서 국민들은 크림빵 아빠가 우리의 아빠나 가족처럼 여기는 현상을 경험하게 됐고 크림빵 아내의 아픔도 함께 느낄 수 있게 됐다. 그 결과 더욱 용의자 허씨를 찾고 싶었을 것이다.

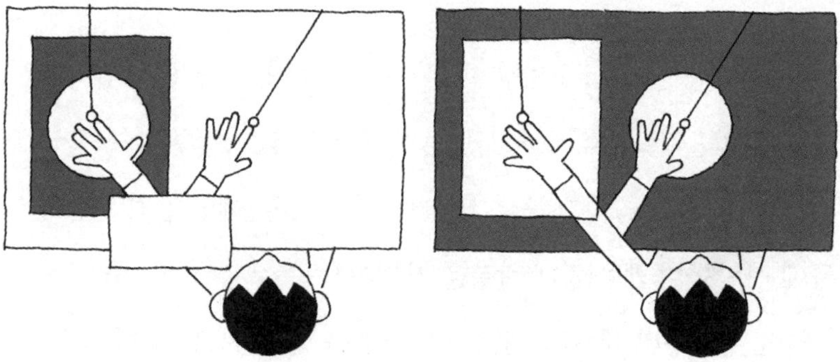

고무손 착각현상

3B 법칙

〈'동영상 파문' 예원·이태임, '반말'의 심리학〉이라는 칼럼을 쓴 이후 주변 사람들에게 가장 많이 받은 질문은 이런 것들이다. "이게 그렇게 중요한 문제인가요?", "연예인 간의 단순 말다툼에 사람들이 왜 이렇게 관심을 가질까요?"

일단 결과부터 얘기해보면, 이번 사건은 사회적으론 전혀 중요하지 않지만 대중을 잡아끄는 힘을 가지고 있다.

심리학 용어 중에 '3B 법칙'이라 것이 있다.

사람들의 주목을 끌기 위해서는 고려해야 할 3가지 요소가 있고, 공교롭게도 모두 영어 단어로는 'B'로 시작한다. 'Beauty(미인)', 'Beast(동물)', 'Baby(아기)'가 그것이다.

사람들은 이 세 가지에 끌린다. 친근감이 느껴지고 받아들이기도

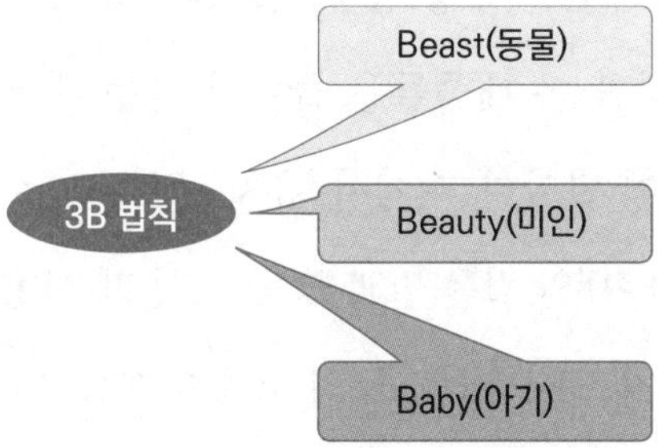

편하다. 특히 어떤 일에 이 세 가지 요소가 함께 존재하면 쉽게 주목을 끌 수 있다. 각 요소의 긍정적인 부분을 가지고 사람들의 이목을 끌 수도 있지만 부정적인 요소로도 주목하게 만들기도 한다. 서양에서 호감도 순위는 대개 'Beast(동물)', 'Beauty(미인)', 'Baby(아기)' 순이다. 동양에서는 '아기(Baby)', '미인(Beauty)', '동물(Beast)'이다.

특히 정치인들은 이 요소들을 선거전에 많이 활용한다. 선거철만 되면 아기들을 안고 사진을 찍는다. 또 여성 유권자를 의식해 웃음을 지으며 여성들과 사진을 찍는다. 여성단체에 들르는 건 선거 유세 과정의 '필수 코스'이다. 뒤에서 손을 씻을 지언정 '아빠(혹은 엄마) 미소'를 지으며 동물을 쓰다듬고 있는 사진을 찍기도 한다. 정치에서도 이러는데 하물며 '마케팅(조회수 올리기)'을 해야 하는 요즘 언론이야 말할 것도 없지 않겠는가. 그리고 그것을 소비하는 대중들도 마찬가지 아니겠는가.

언론들이 '이 법칙을 알면서' 집중 보도했는지는 알 수 없다. 하지만 언론이 열심히 보도한 이 사건 안에는 이 법칙이 다 들어 있는 건 사실이다.

일단 예원과 이태임은 여성 연예인들이다. 즉, 'Beauty(미인)'다. 그리고 공개된 영상을 본 대중들은 둘이서 나눈 대화를 보고 '유치하다'는 댓글을 많이 달았다. 여기서 '유치(幼齒)'라는 말은 다 큰 성인이 'Baby(어린 아이)'와 같은 말과 행동을 할 때 사용하는 말이다. 그리고 둘이 '싸웠다', 'Beast(동물)'의 요소를 담고 있다. 사람들이 '불구경'과 '싸움구경'을 제일 좋아하는 심리인 것이다. 싸움을 눈으로 바라볼 때 사람들은 이성을 버리고 동물적 감각을 가진다.

남자들이 UFC와 권투 같은 싸움에 빠지는 것도 이와 같은 현상이다. 반대로 여자들의 싸움에는 남자들이 빠지는 '몸싸움'보다는 이성적인 '말싸움'에 더욱 민감하고 예민해진다. MBC '띠동갑내기 과외하기' 동영상이 공개되면서 일방적 해석이 아닌 당시 상황이 어땠는지 쉽게 알 수 있게 됐다. 이제 대중들은 기사를 읽어서 알게 된 이태임의 '욕'에서 동영상을 통해 직접 본 '말싸움'과 '반말' 그리고 '분위기'에 초점을 맞추기 시작한 것이다.

이렇게 '3B 법칙' 안에서 대중들은 심리적으로 예원·이태임 사건에 빠져들게 됐다. 대중들이 다루기 편하고 쉬운 모든 것이 한꺼번에 들어 있기 때문이었다.

사람은 어떤 대상을 바라볼 때 관심 있는 부분을 부각시켜 인지한다

청와대 신임 비서실장 임명에 화성 총기난사 사건까지 있었던 2015년 2월 27일에 가장 큰 화제를 모은 뉴스는 다소 엉뚱하게도 '드레스 색깔 논쟁'이었다. 갑론을박이 커지다 보니 포토샵 개발사와 IT전문 매체 그리고 안과 전문의까지 나서서 설명하고 나서는 장면이 연출됐다.

하지만 이런 모든 설명에도 불구하고 사람들은 '검파'와 '흰금'으로 나눠져서 논쟁을 벌이고 있다. 도대체 왜 이렇게 같은 옷을 달리 볼까? 심리학적 관점에서도 분석해보도록 하겠다.

심리학에서는 '게슈탈트(Gestalt)'라는 용어가 있다.

게슈탈트는 독일어로 '전체, 형태, 모습'을 의미한다. 사람은 어떤 대상을 바라볼 때 관심 있는 부분을 부각시켜 인지한다. 이때 관심 없는 부분은 보이지 않게 된다.

보이는 부분을 전경(Figure)이라고 한다. 반대로 보이지 않는 부분을 배경(Ground)이라고 한다. 자신이 보고 있는 부분은 그 사람의 욕구나 감정을 나타내는 것과 같다. 생각하는 대로 보인다는 것이 이에 해당한다. 구두수선공은 신발만 보이고, 농원주인은 꽃만 보이고, 건축가들은 건물만 보인다. 이것은 자신의 관심사가 관점을 결정하는 것과 같다.

1915년에 루빈(Edgar Rubin)은 논문에서 꽃병과 얼굴을 동시에 볼 수 있는 그림을 제시했다. 하얀색으로 보이는 꽃병과 검은색으로 보이는 얼굴은 무엇을 관심 있게 보느냐에 따라 전경과 배경으로 나눠진다. 이처럼 색깔에 대한 논쟁도 사람들이 관심 있게 보는 색깔이 전경으로 배경은 보이지 않는 것과 같다.

버즈피드에서 진행 중인 투표에서 27일 오후 1시에 '흰금'이라는 의견이 74%이고, '파검'이라는 의견은 26%로 나타났다. 그렇다면 왜 흰금이라는 의견이 많은 걸까? 실제로 만들어진 옷은 파검이라고 하는데 사진에 조명에 비쳐진 색은 흰금이다. 사람들은 1차적인 색깔에 익숙해서 눈에 비쳐지는 색에 집중하는 습관이 있다.

눈 망막에 색을 구분하는 시세포로 감지하고 뇌 뒤쪽에 있는 시지각 영역에서 인지를 바로 판단을 해 버리면 '흰금'이 맞다. 이것은 파검 드레스가 '빛'을 흡수해서 '조명빨'에 의해 '흰금'으로 보이는 결과다.

반대로 물체가 빛을 받을 때 생기는 파장에 의해 드레스 겉부분에 나타나는 특유한 빛깔인 '흰금'에 속지 않고 색'깔'과 빛'깔'을 넘어 드레스 원색을 보려고 하는 사람들은 '파검'이 약하지만 보일 것이다. 이렇게 판단하는 뇌는 변연계라는 '감정영역'이다. 뇌에서 판단하는 것은 시지각이 아니라는 것이다. 보이는 것이 다가 아니기 때문에 시지각에서 바로 판단하지 않고 색깔과 사물(드레스)을 나눠서 보려고 하는 변연계가 파검이다. 결국 파검은 보이는 대로 결과를 내리지 않고 보이지 않는 영역의 개념을 선택한 것이다.

결론적으로, 사람들은 똑같은 눈으로 보고도 결과가 갈린다. 그 이유는 파검과 흰검으로 갈리는 것은 '주관=시지각=흰검'이냐 아니면 '객관=변연계=파검'이다.

파검과 흰검으로 '논쟁'이 있을 수는 있다. 논쟁은 의견이 다를 때 벌이는 것이니까. 하지만 옳고 그름을 가리는 '언쟁'을 할 필요는 없다. 이것은 선택의 문제이기 때문이다.

인간행동의 뒤에 숨어 있는 '그림자shadow'

지난해 12월부터 2015년 3월 19일 까지 발생한 서울 관악구 신림동 일대 연쇄 화재는 관악구청에서 근무하는 공익 근무요원의 방화였던 것으로 밝혀졌다.

서울 관악경찰서는 지난해 12월 12일부터 지난 14일까지 최소 10 차례에 걸쳐 재래시장과 다세대 주택 인근에 불을 지른 혐의(현주건조물방화죄 등)로 이 모씨(28)를 구속했다고 지난 17일 밝혔다.

이씨가 경찰에서 한 진술에 눈이 멈춘다.

"병역법 위반으로 수감됐을 때 같은 방을 사용한 수감자에게 돈을 빌려 줬는데 갚지 않아 배신감에 술을 마시고 귀갓길에 처음 불을 냈고, 이후 여자친구가 백수라고 무시해 화가 나 거의 매일 술을 마시고 범행했다."

언제부턴가 이씨의 화를 푸는 수단이 '방화'가 된 것이다.

미국의 국립폭력범죄분석센터(NCAVC: National Center for the Analysis of Violent Crime)가 규정한 범죄분류편람(Crime Classification Manual)과 2002년에 'Criminal Behavior(범죄적 형태)'에서 바르톨(Bartol) 교수가 구분한 방화범의 동기 유형을 보면 다음과 같다.

반달리즘-동기 방화, 흥분-동기 방화, 보복-동기 방화, 범죄은닉-동기 방화, 이익-동기 방화, 극단주의적-동기 방화, 연쇄 방화(Serial Arson), 병적 방화(Pyromia) 이렇게 8가지다. 지속적으로 10차례에 걸쳐 방화를 한 이씨는 '연쇄 방화'에 해당한다.

방화범은 연쇄 방화를 하면서 방화와 방화 사이에 스스로 감정을 안정시킨다. 특히 세 차례 이상 방화를 저지르는 경우를 말한다. 이것은 중독의 심리와 같은 것이다. 술을 끊지 못하는 것은 불안한 심리를 안정시키기 위해서 반복하는 것이다. 중독의 상태는 신체, 심리, 인지 모두가 의지대로 통제가 불가능한 상태가 되는 것이다. 자신도 모르게 손이 가고, 불안한 심리를 안정적으로 돌려야 하고, 이성적인 판단을 방해하는 상태가 스스로를 휘감아 조종하게 된다.

분석심리학자 칼 구스타프 융(Carl Gustav Jung)은 인간에게 어둡고 사악한 측면이 자리하고 있다고 했다. '공격성, 잔인성, 부도덕성'과 같은 것을 말한다. 이런 모습은 인간행동의 뒤에 숨어 있는 것으로 '그림자(Shadow)'라고 부른다. 이 그림자는 뒤에 숨어 있다가 신체적, 심리적, 인지적인 분열이 오는 순간 순식간에 겉으로 드러난다. 자신이 무능하다고 느끼거나 우울증 혹은 사람과의 관계가 이긋날 때 그림자는 겉으로 튀어나오려고 꿈틀거린다. 이런 그림자가 자주 겉으로 드러나는 사람을 우리는 '이중인격' 혹은 '다중인격'이라고도 부른다. 그림자가 자주 튀어나오다 보면 스스로가 길을 만들게 된다. 이 터널이 크면 클수록 중독 상태에 이르게 된다.

사람은 누구나 상처를 가지고 있다. 그 상처와 싸워서 이길 수 있는 무기는 바로 자존감이다. 자존감이 높으면 상처가 변해 자란 그림자를 억누르고 조절할 수 있다. 하지만 자존감이 낮으면 언제든 그림자에게 자리를 내어준다.

실제로 많은 사례에서 방화범들은 심각한 자살적 경향을 보인다. 낮은 자존감과 우울증을 보인다. 이것은 자신의 상처를 억누르고 조절할 수 있는 힘이 약하다는 것을 증명하는 것이다.

방화범을 예방하고 통제 및 관리하기 위해 경찰과 소방 관련 행정기관에서만 관심을 가지는 걸로는 해결될 수 없다. 엎질러진 물만 잘 닦으려는 실정이 될 수 있다.

방화가 유행병처럼 퍼지지 않게 미리 치료하고 약을 발라줘야 한다. 그러기 위해선 건강가정지원센터나 다문화가족지원센터 등을 통해

'마음을 치료'해야 한다.

살이 찢어져 아파하는 소리도 중요하지만 마음이 찢어져 흐느끼는 소리는 잘 들리지 않는다. 늘 들리지 않고 보이지 않는 것이 더 큰 문제가 된다. 국가는 국민의 마음에 더 귀 기울이고 아픈 마음에 반창고 붙여줘야 한다.

감각 박탈 현상

4·29 재보선에서 새정치민주연합은 충격적인 참패를 당했다.

그 원인과 이유에 대해 정치인과 정치 전문가들은 수많은 설명을 쏟아놓고 있다. 하지만 들어보면 결국 국민의 입장에서 풀어나가는 방식은 하나도 없다. 오직 그들만의 리그에 갇혀 '음소거 외침'만 보일 뿐이다. 국민들에게 진심으로 전달되는 목소리는 어디서도 찾아볼 수 없다는 것이 안타까울 따름이다.

일명 '성완종 리스트'는 왜 선거에 영향을 미치지 못했을까?

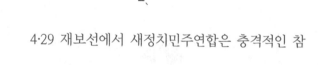

영향을 미치지 않은 게 아니라 국민들을 미치게 만들었다. 미치면 짜증이 나고 혈압이 높아지면서 정치적인 '감각 박탈(Sensory deprivation)' 현상이 일어난다. 이 현상은 평상시에 경험하게 되는 빛, 소리, 냄새와 같은 감각 자극을 일정하게 받지 못할 때 일어난다. 밀폐된 공간에 갇히면 빠른 속도로 지루함을 느끼게 된다.

예를 들어보자.

며칠 동안 콘크리트 더미에 갇혀 있다 보면 시간의 흐름을 깨닫지 못하게 된다. 소리와 빛이 차단되면 감각장치가 멈추는 것이다. 이것은 의식적인 노력이 더 이상 통하지 않는 상태가 오는 것을 말한다. 낮과 밤의 구분이 되지 않을 때는 불안감과 초조함이 반대로 내려가게 된다. 처음에 밀폐된 공간에 갇히게 되면 공포감이나 흥분과 같은 상태를 가지지만 점점 시간이 지나면서 심리적으로 안정감을 가지면서 가지게 되는 감각적 박탈 현상을 가지게 된다.

성완종 리스트는 국민들에게 심리적으로 보면 '고립 상태'를 가져다 줬다. 밀폐된 공간에 고립된 것과 같은 효과인 것이다. 국민들에게는 이 리스트에 거론된 사람들이 여당이고 야당이고가 중요한 것이 아니라 '정치인'들이었다는 것이 중요하다. 나라를 움직이고 이끌어야 할 리더들이 '빛'이 아닌 '어둠'을 가져다줬기 때문에 정치에 있어서 '낮과 밤'의 구분이 없게 된 것이다. 오랜 시간 계속해서 '어두운 밤'의 터널을 지나는 국민들은 의식적인 시간의 흐름을 잃어버리게 된 것이다.

젊은이들은 취업이 되지 않아 일자리 감각 박탈 현상을 겪고 있고, 부모들은 늘 불안한 자녀들의 교육에 대한 감각 박탈 현상을 겪고 있다. 그리고 국민들은 정치인들의 불신과 무능력함에 감각 박탈 현상을 겪고 있는 것이다. 이번 성완종 리스트가 별 영향을 끼치지 않았던 것은 여야 모두에게 위기를 뜻한다. 그 이유는 국민들은 더 이상 정치를 통해 밝은 빛을 기대하지도 않을뿐더러 정치에 대한 '의식적' 감각이 죽어가고 있기 때문이다.

호세 무히카(Jose Mujica) 전 우루과이 대통령은 세계에서 가장 가난한 대통령으로 알려져 있다. 하지만 가난하고 부자고가 중요한 것이 아니다. 그가 퇴임을 할 때 국민들은 이렇게 외쳤다.

"가장 이상적이고 정직했던 대통령이 떠난다."

그리고 무히카 대통령은 국민들에게 이렇게 말했다.

"나는 가난하지만 마음은 절대로 가난하지 않습니다",
"부자들이야말로 가난한 사람들이에요.
왜냐면 그들의 욕심은 끝이 없기 때문입니다."

'우리나라'에서는 언제 '우리'만 바라보고 정치하는 정치인들을 만날 수 있을지 답답하기만 하다. 의도적으로 가난해서 정치인이 되라는 것이 아니다. 오직 국민만 바라보며 정치를 하다 보니 가난해져 있는 정치인을 만나 볼 수 있을지가 궁금할 뿐이다.

마음의 회계

검찰이 홍준표 경남지사의 2011년 계좌에서 출처가 확인되지 않은 1억2000만 원을 확인했다.

검찰은 2011년 6월 23일 '국회의원 홍준표' 계좌에 홍 지사 명의로 1억 2,000만 원이 입금된 뒤, 선거 출마 '기탁금'으로 쓰인 사실을 확인했다. 검찰은 이 1억 2,000만 원이 고(故) 성완종 전 경남기업 회장이 당 대표 경선 당시 줬다고 주장하는 돈과 연관됐을 가능성을 의심하고 있다. 이에 대해 홍 지사는 기자회견을 열어 이 돈이 '부인의 비자금'이라고 주장했다.

심리학 용어 중에 '마음의 회계(mental accounting)'라는 것이 있다.

마음의 회계라는 것은 물리적인 회계와는 반대되는 말이다. 1,000원이면 1,000원 자체의 물리적인 교환가치만 생각하면 된다. 하지만 사람은 '마음'에 따라 다른 돈의 가치를 정할 때가 있다.

특히 마음의 회계는 물리적인 돈의 가치보다 낮게 생각해서 돈을 쉽게 지출하는 경향을 뜻한다. 예를 들면, 내 손 안에 현금으로 가지고 있는 1,000원과 눈에 보이지 않는 카드로 사용되는 1,000원이 다르게 느껴지는 경우다. 카드로 1,000원을 사용할 때 훨씬 작고 쉽게 느껴진다. 나가고 들어오는 돈을 따져서 셈을 하는 방식에 마음이 작동할 때는 물리적인 판단이 아니라 마음의 판단으로 내려지기 때문에 느낌이 달라지는 것이다.

시간도 이와 비슷하다. 물리적인 시간은 하루 24시간이다. 또 1시간은 60분이다. 하지만 마음의 시간은 심리적으로 계산하는 시간으로 '느낌'이 다르다. 수학을 싫어하는 학생들에게는 1시간이 60분의 물리적인 시간을 넘어서 마치 3시간처럼 느낄 수도 있다. 수학을 좋아하는 학생들에게는 3시간의 긴 강의를 하더라고 마치 30분처럼 빨리 지나간 것처럼 느낄 수 있다. 이것이 바로 마음의 시간이다.

이처럼 돈과 시간은 물리적인 기준도 있지만 마음의 기준으로도 인간에게 영향을 끼칠 수 있다.

홍 지사하면 유명한 '사건'이 있다.

홍 지사는 새누리당의 전신인 한나라당 대표 시절인 2011년에 서울시의 무상급식 주민투표가 개함 기준 33.3%를 달성하지 못한 것에 대해 "이번 주민투표의 투표율과 각종 여론조사의 수치를 종합해보면 주민투표는 사실상 오세훈 서울시장이 승리한 것"이라고 말했다.

이는 곧장 세간의 웃음거리로 떠올랐고, 일명 '사실상 시리즈'라는 쏟아지는 패러디를 낳았다.

"야구는 1루만 밟아도 사실상 1점"

"월급 125만원 받았으니 사실상 200만 원"

"고등학교 때 수학 28점도 사실상 100점"

"오전 11시면 사실상 퇴근시간"

"토익 500점 맞았으나 사실상 고득점이다"

"수업일수의 25.7%만 출석하면 사실상 A+"

"로또 번호 2개 맞췄으니 사실상 1등 당첨금"

"25.7세 넘은 한효주 사실상 할머니"

"연봉 2,500만 원 받으면 사실상 억대연봉자"

이렇게 '사실상'이라는 표현을 빌려 '마음의 회계'와 '마음의 시간'을 기준삼아 주저 없이, 쉽게 느끼고 쉽게 말했던 홍 지사가 왜 이번엔 "집사람의 비자금이니 '사실상' 내 비자금" 혹은 "집사람의 비자금이니 '사실상' 우리 집 비자금"이라고 안 하고 확실하게 '집사람의 비자금'이라고 구분을 지었는지 모르겠다.

이번 성완종 리스트 사건을 통해 정치인들이 국민들을 '쉽게' 생각하지 못하도록, 또 마음의 회계를 더 이상 느끼지 못하도록 하기 위해서라도 철저한 수사가 돼야 할 것이다.

벽에 붙은 파리 효과

'교수 성추행' 사건으로 곤욕을 치르고 있는 서울대가 이번에는 학생들의 '부정행위'로 다시 도마 위에 올랐다.

성추행과 부정행위 둘 다 '부정직함(Dishonesty)'의 공통성을 가지고 있다. '서울대'라는 이름이 가지는 심리는 대한민국 '최고, 최대, 최선, 최초'이지만 그 모습은 '최저, 최소, 최악'을 보여주고 있다. 지식이 높은 것과 최고의 정직함이 일치하지 않는 모습에 자부심은 흔들릴 수밖에 없다.

필자가 고등학교를 다니던 시절 '김천 성의여고'라는 학교에서는 학생들의 정직성을 강조하면서 '무감독 시험'을 치렀다. 당시 충격이었고 의문이 가득했던 제도였다.

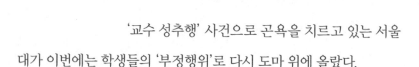

하지만 포항에 있는 한동대학교도 무감독 시험 제도를 시행하고 있다. 외국의 경우 미국 스탠포드대학의 경우 '명예선언(Honor code)'이 유명하다. 시험시간에 교수는 시험에 대한 간단한 설명만 하고 시험장을 나간다. 이런 제도를 시행하는 대학들은 '정식=명예=자부심'의 공식을 학생들에게 심어주기 위해 노력을 하고 있는 것이다.

이번 서울대 '커닝' 사건은 학생들의 문제도 있지만 학교의 태도도 마찬가지이다. 미국의 경우는 커닝하면 퇴학이고 다른 학교로 편입이 불가능하다. 중국에서도 커닝하다 적발되면 국가시험에 3년간 응시 자체가 불가능하다.

서울대 학생들이 한 교양 과목의 중간고사에서 조교의 눈을 피해 학생들이 서로 커닝을 하거나, 화장실에 다녀온다는 핑계를 대고 스마트폰으로 찍어놓은 교재 내용을 보고 다시 시험장으로 들어와 답안을 작성했다. 이 뿐만이 아니라 지난달에 채점이 이미 끝난 답안지를 고쳐 성적을 바꾸려해 수강생 전원의 성적이 무효처리가 된 적도 있었다. 이것은 거의 '조작' 수준에 해당한다.

심리학 용어 중에 '벽에 붙은 파리 효과(Fly-on-the-wall effect)'라는 것이 있다.

원래 'fly on the wall'의 뜻은 '있는 그대로'라는 뜻이다. 실험 참가자를 '있는 그대로' 관찰하기 위해서 벽에다 카메라를 설치하는 경우가 있다. 이 경우 카메라는 벽에 있는 파리의 눈처럼 실험 속에 일어나는 현상을 있는 그대로 담을 수가 있다. 이런 의미에서 '벽에 붙은 파리'는 '있는 그대로'의 의미로 사용된다. 심리학에서 이 효과는 '객관적인 눈', '제3자적 눈'을 의미한다.

상담을 할 때마다 내담자들은 상처를 받은 과거를 떠올릴 때면 '감정'이 올라와 화를 내기도 하고 울기도 한다. 하지만 이 모습을 녹음해서 다시 들려주면 창피해 하면서 스스로의 모습을 바라본다. 과거 자신의 모습은 '내면자아'이고 화를 내고 울고 있는 자신의 모습은 '현실자아'이다. 그리고 내면자아와 현실자아가 만나는 모습을 바라보는 또 다른 모습을 '객관적 자아'라고 한다. 이렇게 제3자의 모습에서 보면 스스로의 모습에 대해서 '감정'의 아픔이나 슬픔에서 벗어날 수 있다. 이번 서울대 '커닝'은 제3의 눈이 아닌 현실자아의 비극이다.

도대체 커닝을 하는 심리적 원인은 무엇일까?

커닝을 한 학생들은 어렸을 때부터 즐기는 공부가 아니라 공부의 노예로 1등만이 최고이고 공부로 살아남는 약육강식(弱肉强食)의 승리자들로 훈련받아 왔을 가능성이 높다. 이들은 시험결과에 따른 '보상심리'를 경험해 왔기 때문에 보상심리 중독에 빠진 결과물들이다. 보상심리는 노력에 대한 욕구를 다른 것으로라도 채우려고 하는 심리를 말한다. 특정 대기업에 입사하려고 몇 년을 투자했는데 입사하지 못한 경우, 그 회사와 비슷한 충족을 해주는 곳을 들어가서 자신의 노력에 대한 욕구를 채우려고 하는 것이 바로 보상심리다. 하지만 대부분은 처음의 목표를 상실한 후 두 번째 목표에 대해 같은 욕구를 채우려고 하지만 채워지지 않을 때 부정직한 보상심리가 일어난다. 열심히 공부해서 서울대에 갔지만 최고들만 모여 있는 집단 속에서 또다시 1등 하기가 힘들어서 1등에 가까운 다른 결과라도 얻기를 바라는 심리에서 집단커닝 사건이 발생한 것이다.

모든 우리나라 대학교에 머리로만 최고의 인재(人才)가 아닌 머리도 가슴도 최고인 인재(人才)들로 넘쳐나길 기대해본다.

생각의 간격이 넓고 깊으면 반대로 행동은 작을 수 있다.
또 행동이 크고 많은 것은 생각이 짧고 가벼운 것으로 이어질 수 있다. 생각도 버릇이 들면 무의식적으로 바람직하지 못한 행동과 말이 나오게 된다.
반대로 생각하는 습관을 들이면 의식적으로 바람직한 말과 행동을 할 수 있다. 생각이 행동을 이끌거나 행동이 생각을 이끌려고 하면 서로 앙숙이 된다.

2부

말의 심리학

반말의 심리, 막말의 심리

'반말'의 심리학

2015년 3월 27일 인터넷 각종 사이트를 통해 이태임과 예원의 MBC '띠동갑내기 과외하기' 촬영 당시 영상이 확산됐다. 사건은 지난달 24일 '띠동갑내기 과외하기' 제주도 촬영 당시 이태임이 예원에게 욕을 한 사실이 알려지며 불거졌다. 두 사람이 각각 사과하며 사태는 일단락됐지만 이번 동영상의 등장으로 다시 논란이 되고 있다. 네티즌들이 예원의 표정과 태도를 지적하며 "예원도 잘못했다"는 목소리를 내면서 이태임 비난 일변도였던 여론이 변하고 있다. 영상이 공개되기 전과 후의 핫 키워드가 바뀐 걸 알 수 있다. 바로 '욕설'에서 '반말'로다.

반말은 말 그대로 '반'만 말을 하는 것이다. 원래 말의 형태가 짧아지는 것을 말한다. '아니에요'를 '아니'로 '안 돼요'를 '안 돼'로 짧게 듣는 사람에게는 그 말이 갖는 의미의 길이도 반으로 줄어드는 것이다. 말이 반으로 줄어들어 반말이 되면 의미도 변한다. 의미(意味)는 '뜻 의(意)'와 '맛 미(味)'가 합쳐진 말이다. '어머니, 어머님, 어무이, 엄니, 오마니' 같은 말들은 뜻(meaning)은 같지만 어감 따위의 미묘한 뉘앙스(nuance) 차이를 가진다. 즉, 뜻은 같은데 '맛'이 다르다. 말도 음식처럼 '맛'이 있다는 것이다. 듣기에 단 말이 있고 듣기에 쓴 말이 있는 것을 말한다. 그 맛에 따라 기분이 좋을 수고 있고 나빠질 수도 있는 것이다.

우리나라에는 존댓말 집단무의식(collective unconscious)이 존재한다.

분석심리학자인 칼 구스타프 융(Carl Gustav Jung)은 인간의 인격 전체를 세 가지로 구별했다. 의식, 개인무의식, 집단무의식이 바로 그것이다. 여기에서 집단무의식이라는 것은 이전 세대에서 경험한 것이 다음 세대에게 전달되는 의식이라고 했다. 한 개인이 속한 민족적 특성을 성장하면서 집단무의식이라는 것을 발전시킨다는 말이다. 이런 개념에서 우리나라는 집단무의식에 '높임말'의식이 존재한다. '말'도 '말씀'으로 '죽었다'도 '돌아가셨다'로 '밥'도 '진지'로 말을 길게 만들어 표현하는 존댓말 집단무의식이 강하게 자리하고 있다.

동영상에서도 볼 수 있듯이 이태임은 '존댓말 집단무의식'을 드러냈다. 물론 동영상을 본 네티즌들은 이것을 당연하게 여겼지만 왜 갑자기 화를 냈느냐에 대해서는 의문을 남겼다. 예원의 목소리에서 '반말' 뿐만 아니라 눈에 보이지 않은 '무시'를 느꼈기 때문이다. 그것은 바로 목소리의 '주파수'다. 낮은 주파수로 존댓말을 하면 상대방은 '장난'으로 받아들여 '무시'한다고 느끼게 된다. 반대로 높은 주파수로 밝게 존댓말을 하면 듣는 사람도 '존중감'을 느낀다.

'다투다'와 '싸우다'는 다른 의미를 가진다. 힘이나 무기가 수단일 경우에는 '싸우다'지만 눈에 보이지 않는 '말'이 수단일 경우에는 '다투다'이다. 네티즌들은 댓글을 무기로 이태임과 예원 모두를 제압했지만 동영상 공개 이후 '욕'을 사용한 둘 모두와 네티즌들은 끝까지 다툴 것이다. 어느 누구도 TV에 나와 욕을 하고 국민들 보기에 반말로 기분 상하게 하는 것은 집단무의식을 무시하는 것이기 때문이다.

욕의 심리학

지난 2015년 2월 11일 종합편성채널 TV조선 엄성섭 앵커의 "쓰레기" 발언이 이슈가 된 지 얼마 안 돼 또다시 유명인의 '욕설 파문'이 인터넷을 뜨겁게 달구고 있다. 장본인은 배우 이태임. 이 사건으로 이태임이 출연 중인 예능에 이어 드라마까지 하차 소식이 전해지고 있다.

이 사건을 보면서 최근 영화 '헬머니'로 배우 김수미의 욕이 떠올랐다. 욕으로 사라지는 배우가 있고 욕으로 제2의 전성기를 누리는 배우를 보면서 '욕의 심리학'을 요리해 보도록 하겠다.

이태임은 한 매체와의 인터뷰에서 "너무 화가 나서 참고 참았던 게 폭발해서 나도 모르게 욕이 나왔다"고 말했다. 그리고 소속사를 통한 공식사과에서 "그간 특정 신체부위 부각 뉴스나 악플, 작품 조기종영

등으로 극심한 신체적, 정신적 컨디션 난조로 인한 입원 치료를 받았다"며 "욕설 논란에 대해서 깊이 뉘우치고 반성하고 있으며, 많이 힘들어하고 있다"고 전했다.

심리학에서는 '욕'을 '욕구'라고 말한다. 사람은 누구나 마음속에 다중인격(multiple personality)을 가지고 있다. 지킬 박사와 하이드처럼 상황에 따라 젠틀맨이었다가 난폭한 사람이 되기도 한다.

심리학에서는 말실수를 무의식적으로 튀어나온 표현으로 억압된 충동이라고 분석한다. 억압된 충동은 감정이다. 감정은 행동이나 얼굴의 표정과 같은 비언어적인 방법으로 표현되기도 하지만 '부정적인 감정'을 언어로 표현하는 경우가 바로 '욕'이다.

언어가 열리면 생각이 열린다.

인간은 태어나서 18개월쯤 되면 '의미의 확대 적용 과정'을 거친다. 부모로부터 두 손을 둥글게 그리면서 "사랑해"라는 표현을 흡수한다. 반대로 얼굴을 찡그리면서 "안 돼!", "싫어!", "지지, 더러워!"라는 표현을 흡수한다. 이렇게 비언어적인 방법과 언어적인 방법을 동시에 받으면서 아이들은 무의식에 감정무늬와 언어무늬를 저장해둔다. 이때 긍정적인 무늬와 부정적인 무늬의 비율이 어떻게 저장되느냐에 따라서 아이들의 언어습관도 달라진다.

엄마 젖을 빨면서 생존하기 위해 사용한 입을 36개월쯤 지나면서 생각과 감정을 전달하기 위해서 움직이기 시작한다. 이때 저장해둔 언어의 무늬들이 다 드러나지 않는다. 그래서 부모들은 아이에게 흡수된 부정적인 무늬를 발견하지 못한다. 하지만 열 살쯤 되면서 제2의 언어의 빅뱅 시기를 맞이하게 된다. 모국어로서 최대치의 언어를 받아들일 수 있는 시기가 바로 이때다.

머리는 새로운 단어를 충분히 받아들이고 싶어 하는데 이를 채워주지 못하면 친구들이나 주변 환경을 통해 '욕과 성'에 관련된 단어들을 받아들인다. 이러한 어휘들은 사춘기를 지나서 자주 사용하거나 반복하게 되면 '화석화(fossilization)'가 된다. 긍정적인 어휘와 부정적인 어휘의 화석화 비율에 따라 생각과 행동도 결정된다.

이태임은 '나도 모르게' 욕이 나왔다고 했다. 이 말대로라면 이태임은 그동안 스트레스를 많이 받아왔거나 주변 환경 등을 통해 욕설을 많이 들어 내면엔 부정적 어휘의 화석화 비율이 긍정보다 높은 것으로 볼 수 있다. 긍정적 어휘의 화석화 비율이 더 높은 사람은 '감정터널'이 없을 때 '자신도 모르게' 욕이 나오는 경우가 없다. 이태임이 욕을 했던 상황(촬영 현장)이나 오랫동안 절친하게 지내온 사이가 아닌 상대방은 감정터널이 없는 경우다.

감정터널이 있는 관계에서는 '욕'이 '친한 사이'를 증명하기도 한다.

이태임이 사용한 무의식적인 욕과 배우 김수미의 욕이 바로 이 부분에서 차이를 보이는 것이다. 오랜만에 만난 친구에게 '욕'을 주고받는다. 이런 경우에는 두 사람 관계 사이에 열려 있는 '사랑과 걱정'을 소통하는 감정터널이 존재한다.

욕을 주고받은 후 친한 사이를 증명하고 편안해지는 터널이다. 이 감정터널을 배우 김수미는 오랜 세월 배우로서 관객들과 끊임없이 만들었다. 팬들이 김수미에게 욕을 부탁하는 경우가 있다. 이것은 감정터널을 통해 자신이 못하는 시원한 욕을 들으며 대리만족을 느끼고 카타르시스를 제공받는다.

이태임의 경우 자신도 모르게 나온 말이지만 그 말을 들은 주변 사람들과 이 사실을 알게 된 시청자들은 반감을 느끼게 돼 있다. 그 이유는 감정터널이 없기 때문이다.

어릴 때부터 흡수해 온 화석화된 욕은 식욕, 성욕처럼 욕구라는 방에 저장돼 무의식적으로 튀어나오게 된다. 수많은 시청자들에게 영향을 줄 수 있는 방송인들의 경우 최대한 억제해야 한다. 화가 난다고 표현하면 시청자들이 그를 화석 취급해 버릴 수 있기 때문이다.

의식적 대화, 무의식적 대화

지난 2015년 4월 15일 국회 대정부 질문에서 성완종 전 경남기업 회장에게 금품을 수수했다는 의혹을 받고 있는 이완구 국무총리는 이미경 의원의 관련 추궁에 “저는 기억이 없습니다”라고 말했다.

기억이 없는 이유에 대해서 이 국무총리는 “(성 전 회장을 만난) 그날이 특별한 날이고 마침 말씀드린 대로 여러 명의 취재진과 지지자들이 오신 첫날이기 때문”이라고 대답했다.

16일 CBS 보도에 따르면 이 총리를 2013년 3월부터 6월까지 약 4개월을 수행한 운전기사 A씨는 “그 해 4월 4일 이 국무총리와 성 전 회장이 충남 부여 선거사무실에서 만나 독대를 했었다”고 밝혔다.

이태임과 예원의 대화에서 "언니, 저 마음에 안 들죠?"는 남자들의 대화에서 'X같냐?'라는 것과 어감이 비슷한 것처럼 정치인들이나 경제인들이 "저는 기억이 없습니다"라는 것은 "조사 해 볼 테면 해 봐라!"와 비슷하다.

청문회에 나온 정치인들과 경제인들 그리고 범죄자들까지 자신들의 잘못을 "기억이 안 난다", "기억이 없다"라고 회피하는 이유는 뭘까?

심리학에서는 '방어기제(defense mechanism)'라는 용어가 있다.

이 말은 1894년 지그문트 프로이트(Sigmund Freud)가 쓴 논문 「The Neuro-Psychoses of Defence(방어의 신경정신학)」에서 처음 사용됐다. 자신이 저지른 행동도 '안 했다'고 그 상황을 거부하는 것은 외적인 상황이 감당하기 어려워서 일단 그 상황을 벗어나고자 하는 무의식적 심리과정이다.

어린 아이들의 경우를 보면 자신이 한 일에 대해서 '안 했다'고 거짓말을 만들어낸다. 상황을 그럴 듯하게 또 다른 거짓말과 변명을 만들어 합리화 시킨다. 이것은 스스로의 '자아'가 상처받지 않으려는 심리적 과정이다. 특히 자존심이 강한 사람일수록 죄책감이나 자아가 손상되는 것을 벗어나려고 인정하지 않으려는 심리에서 나타나는 무의식적 반응이다.

무의식 안에는 3가지가 있다. 원초적이고 본능적인 자아인 '원초아(Id)', 본능을 누르고 현실적인 방법에 맞추는 '자아(Ego)', 사회적 가치에 따라 내면화된 도덕, 윤리에 맞추는 '초자아(Super-ego)'가 그것들이다.

이렇게 3가지 자아들의 대화를 현실에 적용해 보면 이렇다.

원초아(Id)가 이렇게 말한다. "그냥 만났다고 해 버려? 니들은 한 푼도 안 받고 여기까지 왔냐? 털어서 먼지 안 나는 놈들 있으면 나와보라고 해!" 그러자 초자아(Super-ego)가 원초아를 억압하면서 이렇게 말한다. "왜이래~, 그건 옳지 않아. 여기는 국회야! 최소한 품위는 지켜야지."

중간에 지켜보고 있던 자아(Ego)가 현실적인 절충안을 이렇게 내놓는다. "모른다고 하자! 기억 안 난다고 하자! 어차피 현실적으로 증거도 없고 증인은 죽었잖아. 국무총리로서 남으려면 기억 안 난다고 하자!"

자아는 늘 노심초사한다. 원초아가 욱하는 성격이 있어서 그대로 말해 버릴까 봐 걱정한다. 이런 불안 때문에 스스로를 보호하려고 하는 전략을 방어기제라고 한다.

성 전 회장이 남겨놓고 간 현실이 이 국무총리로서는 받아들이기 힘들고 인정하고 싶지 않고 받아들이고 싶지 않아서 무의식적으로 "기억이 없습니다"라고 말했을 가능성이 있다. 분명 부정(Denial)하는 것과 단순히 거짓말하는 것은 과정이 다르다.

국민들에게 "정치인들이 진심을 담아 말한 것을 본 적이 있습니까?"라고 물으면 "기억에 없습니다"라고 대답할 것이다. 이 말은 "끝까지 조사해서 진실과 진심을 이야기할 때까지 밝혀주면 좋겠다"는 심리인 것을 권력을 가진 정치인들은 알아야 한다.

편지에 담겨 있는 심리

박창진 사무장님.

직접 만나 사과드리려고(쪽지에는 '드릴려고'로 썼다)
했는데 못 만나고 갑니다. 미안합니다.

조현아 올림.

이 글은 지난 2014년 12월 17일 박창진 사무장이 방송에 출연해 공개한 대한항공 조현아(사진) 전 부사장의 '사과 쪽지' 내용입니다. 곧장 여론은 들끓었습니다. 성의가 없다고 느껴졌는지 "사과를 하면서도 '갑질'을 한다"는 등 비난이 이어졌습니다. 쪽지 내용을 보자마자 "아..." 하고 나도 모르게 작은 탄식을 내뱉었다.

글 속에 숨겨진 '심리적 결'을 보고 알 수 있는 것은 "지금까지 살면서 타인에게 진심으로 미안해 해본 적이 없는 것 같다"였다. 쪽지 내용에서는 '미안함'이라는 감정 선날의 커뮤니케이션에 있어 일반적인 사람들에게서 볼 수 있는 '학습된 형태'가 보이지 않는다.

사과문의 첫 줄인 수신자에 '박창진 사무장님'이라고 써져 있다.

얼핏 아무렇지도 않아 보이지만 상대방을 존중할 때 사용하는 조사인 '에게'를 높여 부르는 '께'가 빠져 있다. 이것은 '님'을 붙였다고 높인 것이 아니라 자신보다 낮은 직책을 부르는 무의식적 무시가 포함돼 있다는 것을 알 수 있다. 정말로 미안함을 느끼고 있다면 직접 만나 사과하려 했는데 못 만나고 간다는 한 마디로 끝나는 게 아니라 박 사무장의 기분을 의식해 이런 저런 이야기를 주절주절 썼을 것이다.

'미안합니다'라는 표현에서도 조 부사장의 마음이 보인다.

"'미안하다'와 '죄송하다'는 듣는 사람에 따라 많이 달라진다. '미안하다'는 윗사람이 아랫사람에게 쓰는 표현이고 아랫사람이 윗사람에게 사과할 때는 '죄송하다'라고 하기 때문"이라며 "여기서 윗사람과 아랫사람은 나이와 직책일 수도 있지만 잘못을 저지른 사람과 사과를 받아야 할 사람으로 봤을 때는 조 부사장이 아랫사람이고 박 사무장이 윗사람이다. 그럼에도 불구하고 사과문에 '미안하다'라고 한 건 아직도 자신이 지위에서 윗사람이라고 여기고 있는 것을 알 수 있다.

조 부사장이 미안함을 못 느끼고 있는 것 같다고 했지만 만일 느끼고 있을 경우에 대해서도 설명해 보겠다.

사람은 누구나 '마음의 형상화 시스템'을 가지고 있다. 그 시스템은 자라오면서 자신이 같은 상황에서 타인에게 '받은 대로' 만들어지는 경우가 많다. 특히 부모의 영향을 받아 가족구조시스템이라고도 한다. 아마도 조 부사장이 성장하면서 누군가에게 사과를 받아야 했던 상황일 때, 이번에 자신이 박 사무장에게 한 것처럼 내려다보는 듯한 '권위적인 사과'를 받아왔을 수도 있다. 미안함을 느껴도 자신이 반대 상황에서 받아온 경험상 적절한 표현을 배우지 못했다는 것을 알 수 있다.

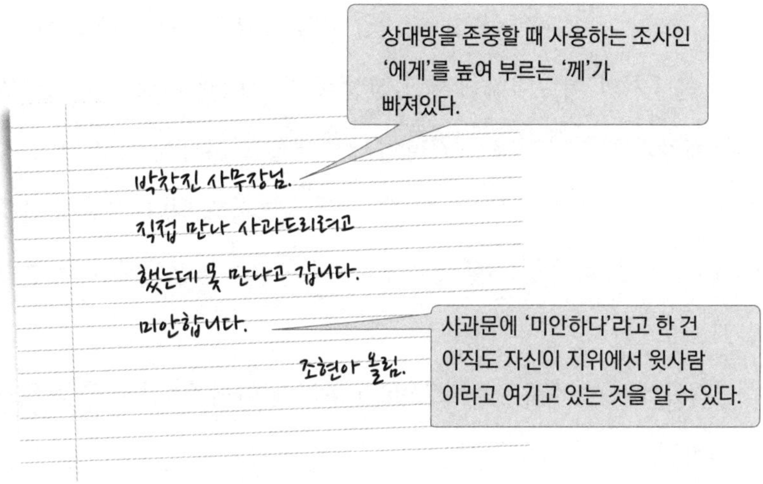
상대방을 존중할 때 사용하는 조사인 '에게'를 높여 부르는 '께'가 빠져있다.
박창진 사무장님.
직접 만나 사과드리려고
했는데 못 만나고 갑니다.
미안합니다.
조현아 올림.
사과문에 '미안하다'라고 한 건 아직도 자신이 지위에서 윗사람이라고 여기고 있는 것을 알 수 있다.

‘실수’는 ‘사소한 말실수’가 아닌 ‘억압된 충동’

지난 2015년 2월 11일 종합편성채널 TV조선 ‘엄성섭 윤슬기의 이슈격파’에서 엄성섭 앵커가 이완구 총리 후보자의 언론외압과 관련된 내용을 전달하다 한국일보 기자에 대해 “이게 기자에요? 완전 쓰레기지”라고 말해 논란이 커지고 있다. 어떻게 하루에 5시간 이상 뉴스를 진행하는 앵커가 ‘욕설’을 생방송에서 할 수 있을까?

심리학에서는 ‘실수’는 ‘사소한 말실수’가 아닌 ‘억압된 충동’으로 분석한다.

한 나라의 대통령들도 말실수를 많이 했다. 일본 방문 중에 프랑스 프란시스 올랑드(Francois Hollande) 대통령은 알제리 인질 위기 당시 10명의 일본인들이 살해된 것을 두고 "프랑스 국민을 대표해 중국인들에게 애도를 표한다"라며 일본인이라고 해야 할 말을 중국인이라고 실수를 했다. 미국의 조지 부시 대통령의 말실수는 더 많다. 특히 파병을 해준 호주에게 "오스트리아가 파병해 줘서 고맙다"라고 말해 오스트레일리아도 모르는 '바보 대통령'이 됐다.

사람은 두려운 상황을 겪으면 꿈을 꾸거나 말실수를 통해 불안한 마음을 드러내게 된다. 신경증 중의 하나로 억압된 욕구가 행동으로 나오지 않게 하기 위해 스스로를 방어를 하다가 무의식적으로 튀어나오는 '진심'이다.

엄 앵커의 평상시 뉴스의 톤(tone)은 상당히 높다. 높은 목소리의 주파수는 자신의 기질도 보여준다. 평상시에 높은 주파수를 사용하는 것은 '다혈질'의 기질로 남의 생각보다는 자신의 감정을 중요시여긴다.

감정이 생긴 가슴에서 머리로 바로 전달돼 비판적인 말과 심지어 욕설을 즉각 해버리는 경우가 많다. 신체의 시스템이 가슴과 머리보다 더 강하기 때문에 표현이 강하게 된다. 엄 앵커의 경우 보도중에 마음에서 화가 생겨 머리로 '쓰레기'라는 개념을 전달하자마자 신체는 즉각 반응을 해 '말'로 표현을 한 것이다. 엄 앵커의 욕구가 말실수로 옮겨졌다고 볼 수 있다.

2013년 방영돼 큰 인기를 끌었던 tvN 〈응답하라 1994〉라는 드라마가 있다. 여기서는 사람 이름에 '쓰레기(정우 분)'를 사용했다. 정말 쓰레기 같은 사람이 있더라도 그렇게 부르지는 않는다. 하지만 국민들에게 '쓰레기'를 사람에게 사용할 수 있게 만들면서 잠재돼 있던 욕구를 채운 꼴이 됐다. 그 결과 주변에 비정상적인 사람을 쉽게 '쓰레기'라고 부르게 만들었다.

응사의 '쓰레기'가 국민의 입에 배어 있더라도 뉴스를 진행하는 앵커가 생방송에서 욕을 한 것은 이해가 되지 않는다. 5시간 이상 tv조선의 화면을 채우고 있다. 그의 얼굴을 바라보는 국민들은 이제 그가 한 말실수인 '쓰레기'를 머릿속에 떠올리게 될 것이다. 타사의 기자를 비난하기 이전에 자신의 분노조절능력을 먼저 알아야 할 것이다. 또한 방송의 중립성은 앵커의 중립적인 발언에서 나온다는 것도 알아야 할 것이다.

생각도 버릇이 들면 무의식적으로 바람직하지 못한 행동과 말이 나오게 된다

대한민국에서 모르는 사람이 없는 인기 개그맨 장동민(사진), 유상무, 유세윤은 지난해 팟캐스트 '옹달샘과 꿈꾸는 라디오'를 진행했다. 최근에 당시 방송 녹취록이 인터넷에 올라오며 '막말' 논란이 뒤늦게 점화됐다.

장동민은 코디네이터와의 일화를 이야기하던 도중 "진짜 죽여버리고 싶다", "창자를 꺼내서 구운 다음에 그 엄마에게 택배로 보내버리고 싶다"라며 욕설을 섞어 막말했다. 여기에 '시X', '개 같은 X', '이 X', '개보X' 등은 물론 "여자들은 멍청해서 머리가 남자한테 안 된다", "창녀야", "참을 수 없는 건 처녀가 아닌 여자" 등의 정도가 심해도 너무 심한 여성 비하 발언까지 나왔다.

정치인이나 연예인 등 유명 인사들의 막말 논란은 가끔씩 터져나온다.

심리학에서는 버릇과 습관을 구분한다.

버릇은 여러 번 반복하면서 몸과 마음에 굳어져 고치기 힘든 기질이나 행동을 말한다. 반대로 심리학에서는 습관을 '학습된 행위를 통해 형성되는 양식'으로 본다.

어릴 때부터 절약하는 행동은 '습관화'해야 하는 것이다. 심리학에서는 습관과는 달리 버릇은 '불필요'하고 '의미 없는' 말과 행동을 뜻한다. 그래서 세 살 '버릇'은 되도록 빨리 고쳐야 하고 가족 안에서 잘못된 영향은 부모교육부터 해야 한다고 강조한다. 이러한 버릇과 습관이 가장 빠르게 자리 잡는 것은 바로 말 '버릇'과 말 '습관'이다.

개그맨으로서 장동민의 기질과 특징은 충청도라는 지역 특성에서 나온다. 대전을 포함한 충청도 출신들 중 개그맨들이 유난히 많은 것은 바로 '말'의 버릇에서 볼 수 있다. 충청도식 말은 "돌아가셨습니다"를 "갔슈", "정말 시원합니다"를 "엄청 션해유"로, "괜찮습니다"를 "됐슈"로, "너 개고기 먹을 수 있어?"라는 말도 "개혀?"로 줄여서 표현한다. 말의 속도는 느리지만 글자 수는 가장 짧다. 그래서 "충청도 말이 가장 빨라유~"라며 개그의 수단으로 삼는다.

이렇게 충청도라는 지역은 매사에 여유롭고 긍정적 사고를 가져서 그 모습 자체가 유쾌하고 재미있는, 즉 개그처럼 될 가능성이 높다.

하지만 선비정신을 강조하는 충청도 기질에서 장동민의 '막말'이 나온 것은 지역적 특성의 집단무의식이라기보다는 '개인무의식'의 문제일 가능성이 높다.

장동민은 지난해 12월 23일 '1대 100' 프로그램에서 자신의 성격을 "원래 남의 말을 잘 안 듣고 거꾸로 하는 성격이다"라고 언급했다.

막말이란 무엇인가? 본디 말을 반만 줄여서 말하는 반말과는 달리 막말은 이것저것 가리지 아니하고 닥치는 대로 하는 말이다.

노동을 이르는 '막일'은 어근 '일' 앞에 '막'을 붙였다. '닥치는 대로 하는'의 뜻을 더하는 접두사 '막-'이 붙어 만들어진 말들이 많다. '막장 드라마', '막차'와 같은 말들이 그렇다. 다시 말하면 막말은 '시간적인 간격을 두지 아니 하고' 생각없이 하는 말을 뜻한다고 할 수 있다.

생각의 간격이 넓고 깊으면 반대로 행동은 작을 수 있다. 또 행동이 크고 많은 것은 생각이 짧고 가벼운 것으로 이어질 수 있다. 생각도 버릇이 들면 무의식적으로 바람직하지 못한 행동과 말이 나오게 된다. 반대로 생각하는 습관을 들이면 의식적으로 바람직한 말과 행동을 할 수 있다. 생각이 행동을 이끌거나 행동이 생각을 이끌려고 하면 서로 앙숙이 된다. 행동과 생각이 서로 손을 잡으면 심(心)장이 맞닿아 있어 살아 숨 쉬는 뜨거움을 느끼게 된다. 이럴 때는 막말이 나오지 않고 오직 진심(心)의 말만 하게 된다.

사람들은 가끔 하늘을 바라보지만 하늘은 늘 사람들을 바라본다. 이처럼 개그맨들도 댓글이나 팬들의 어긋난 말에 가끔 상처받을 것이다. 하지만 그들의 막말에 온 국민들이 상처받는다. 개그맨들뿐만 아니라 TV에 나오는 방송인들의 멋진 웃음을 주는 말 한 마디가 국민들을 가끔 웃게 만들 수 있다. 하지만 그들이 한 막말로 국민들이 평생 비웃음을 줄 수 있다는 것을 잊어서는 안 된다.

권위적인 가족시스템에서 나오는 '막말'의 심리

2015년 4월 22일 중앙대 교수 비상대책위원회가 박용성 전 이사장의 '막말 파문'과 관련해 "박 전 이사장은 법적 책임을 지고 이용구 총장은 즉각 사임해야 한다"고 주장했다. 이들은 이날 중앙대 교수연구동에서 기자회견을 열어 "박 전 이사장의 막말 파문은 한국 대학사회와 그 구성원을 모욕하고 협박한 '대학판 조현아 사건'"이라며 엄정하게 책임을 묻겠다고 강조했다.

최근 조현아(구속) 전 대한항공 부사장의 일명 '땅콩회항 사건'을 기점으로 우리 사회에 소위 '힘 있는 자'들의 '슈퍼 갑질', 특히 막말이 이슈가 되고 있다.

지난 달 24일 박 전 이사장은 이용구 중앙대 총장과 보직교수 등 20여 명에게 보낸 이메일에서 "인사권을 가진 내가 모든 것을 처리한다"면서 "제 목을 쳐달라고 목을 길게 뺐는데 안 쳐주면 예의가 아니다", "가장 피가 많이 나고 고통스러운 방법으로 쳐줄 것"이라는 등 협박성 발언을 한 사실이 최근 전해졌다.

박 전 이사장의 이와 같은 말은 자신이 과거 부회장이었던 두산그룹의 광고 카피와는 달라도 너무 다르다. 동생인 박용만 현 두산그룹 회장은 이 광고 카피로 3년 전 한국광고PR실학회가 주관한 '한국의 광고PR인' 시상식에서 '올해의 카피라이터상'까지 수상했지만, 형이 그 빛을 퇴색시켜 버린 꼴이 됐다.

"정직과 용기를 보여주는 사람만큼 미래를 맡겨도 좋은 사람은 없습니다."

"부족한 점이 많다는 것은 좋아질 점도 많다는 것입니다."

"좋아하는 것을 해줄 때보다 싫어하는 것을 하지 않을 때 신뢰를 얻을 수 있습니다."

겉으로는 "정직과 용기 그리고 신뢰"를 이야기하지만 뒤에서는 "피와 고통 그리고 목을 칠 것"을 이야기하는 이중적인 모습에 눈물 흘리는 삐에로(pierrot) 이미지가 떠올랐다.

'그림자(shadow)'는 대중에게 일반 영어 단어이기도 하지만 심리학자들에겐 심리학 용어이기도 하다. 이 용어는 스위스 심리학자이자 정신과 의사인 칼 구스타프 융(Carl Gustav Jung)이 1913년 어느 강연에서 자신의 이론을 '분석심리학(analytic psychology)'이라고 부르면서 만들기 시작한 용어들 중 하나이다.

이 그림자는 자아와 대비되는 말이다. 사람의 마음은 두 가지로 이뤄져 있다는 것에서 출발한다. 하나는 의식이고 다른 하나는 무의식이다. 이때 세상에 나가 살면서 자신의 자아를 겉으로 드러낸 의식적인 삶을 사는 것은 '밝은 빛의 자아'라고 부른다. 이와 반대로 세상과 떨어져 혼자 있을 때 세상이 아닌 내면과 소통하면서 자신도 모르게 자아 뒤로 숨기는 무의식적인 삶을 '어두운 그림자의 자아'라고 부른다.

사람은 누구나 자신만의 '어두운 그림자의 자아'를 가지고 있다. 하지만 이 그림자를 스스로가 발견하고 인정하면서 의식과 무의식이 조화를 이루면 마음이 건강해진다. 하지만 밝은 빛의 자아와 어두운 그림자의 자아의 거리가 멀면 멀수록 '개인지상주의자'나 '과대망상'을 품는 자가 되기 쉽다. 인간이 세상에 나가 소통을 할 때는 자아의 얼굴에 쓰는 것이 있는데 이것을 '가면(persona)'이라고 한다.

가령, 세상에서 자신의 자아의 얼굴에 '판사 가면'을 쓰고 소통하는 사람이 집에 와서도 이 가면을 계속 쓰면서 가족에게 "너희들 공부 안 하면 1년 형이다"라고 말하면 그림자는 더욱 두껍고 어두워질 것이다. 또 '교수 가면'을 쓰고 세상과 소통하던 사람이 집에 와서도 가족을 가르치려고만 든다면 그만큼 '어두운 그림자의 가면' 속에는 눈물 흘리는 삐에로가 존재하게 되는 것이다.

심리상담을 할 때 '단어연상검사'라는 것을 한다. 그림을 보여주고 떠오르는 단어를 연상하게 하거나 여러 단어들을 들려주거나 보여주고 내담자들에게 이 중에 기억나는 단어를 연상하게 하는 것이다. 이때 심리적 문제 분석의 중요 기준은 부정적인 단어를 사용하느냐이다.

박용성 전 이사장의 경우, "인사권을 가진 내가 법인을 시켜서 모든 것을 처리한다"라는 말에서는 '인사권을 가진 나'라고 스스로를 '갑'으로 정의했다. 이 말은 세상과 소통할 때는 맞다. 하지만 자신과 함께 손잡고 달리는 가족과 같은 사람들(교수들)에겐 '이사장 가면'을 쓰고 '갑질'하는 것, 스스로의 그림자가 얼마나 어두운지를 역설하는 것이다.

"제 목을 쳐달라고 목을 길게 뺐는데 안 쳐주면 예의가 아니다"라는 말에서는 자아와 그림자가 얼마나 거리가 먼지 여실히 보여준다. '목을 쳐달라고'라는 말에서 박 전 이사장은 모든 것은 '자신의 관점'에서만 판단하는 일방적인 성향을 드러내 보인 것이다. 상대방의 입장에서 왜 반대하는 목소리를 내는지 생각해보는 것이 아니라 목소리를 내려고 들고 있는 상대방의 목만 바라보는 '외눈박이 사자'일 뿐이다. "가장 피가 많이 나고 고통스러운 방법으로 쳐줄 것"이라는 말에서는 박 전 이사장의 개인 무의식의 아픔을 고스란히 드러내 보이고 있다. 가족으로부터 지속적으로 말과 행동의 반복되는 상황을 겪다 보면 '가족시스템 중독'에 걸리게 된다. 강하고 권위적인 말과 행동의 시스템에 중독된 아이는 커서 타인에게 똑같은 방식으로 자신을 드러낸다. 가족 안에서 형제들끼리의 소통도 어떻게 양육을 받으며 자라느냐에 따라 성장해서 그대로 표현이 된다.

박 전 이사장의 '막'말의 원인은 다른 이들의 말을 '막'아야 자신이 살 수 있는 가족시스템 중독이 아닐까 생각된다. 박 전 이사장의 막말, 조현아 전 부사장의 막말, 정치인들과 연예인들의 너무나 많은 막말에 노출된 국민들이 '국가시스템 중독'에 걸리지나 않을까 걱정이 된다. 마지막으로 두산의 광고를 패러디하며 끝내겠다.

"국민들이 좋아하는 것을 해준 적 한 번도 없으면서 싫어하는 것만 골라서 하면 국민의 신뢰를 평생 얻을 수 없을 것입니다."

법 아래 사람,
법 위에 사람

새누리당 김진태 의원의 이완구 국무총리와 관련된 이른바 '황희 발언'이 논란이다. 김 의원은 2015년 4월 21일과 22일 CBS, PBC 라디오에 잇따라 출연해 이 총리의 '낙마' 사례를 거론하면서 "조선시대 명재상으로 추앙받는 황희 정승이 〈조선왕조실록〉에 보면 간통도 하고 무슨 참 온갖 부정청탁에 뇌물에 이런 일이 많았다는 건데 그래도 세종대왕이 이 분을 다 감싸고 해서 명재상을 만들었다"고 말했다. 인물을 키우기 위해선 웬만한 잘못은 덮어줘야 한다는 취지에서 말했지만 '황희 발언'을 한 김 의원의 생각을 심리학적인 관점에서 분석해 보도록 하겠다.

김 의원은 2013년 5월 10일 한 초등학교를 방문한 후에 "담임쌤이

전교조는 아닌 모양입니다. 이래서 아직 희망이 있습니다!"라고 했다. 같은 해 6월에는 "국민도 심리전 대상이 맞다. 국정원 지침엔 '나' 빼곤 모두 심리전 대상"이라고 했다. 2013년 8월 16에는 새정치민주연합 정청래 의원에게 "왜 반말이야 나이도 어린 것이"라고 했다. 김 의원과 정 의원은 1살 차이다.

김 의원의 과거 발언들을 분석하면 자신과 타인의 선을 분명히 하고 있다는 것을 알 수 있다. 그리고 그 선 안에 있는 나는 옳은 사람이고 높은 위치와 지위를 가진 권위적인 존재고 선 밖에 있는 타인은 옳지 않고 낮은 위치와 부족한 존재로 여기고 있다. 전교조와 전교조가 아닌 선생님의 구분, 나와 나를 제외한 모든 국민들의 구분, 나와 나보다 어린 사람의 구분 이렇게 세 가지의 구분들로 김 의원의 인지론이 어떻게 구성돼 있는지 심리적 관점에서 풀어 볼 수 있다.

발생적 인식론(genetic epistemology)의 창시자로 유명한 스위스 심리학자인 장 피아제(Jean Piaget)는 1932년 발표한 'The Moral Judgement of the Child(아동의 도덕적 판단)'에서 '도덕성' 개념은 '경험을 통해 구성해 내는 지식'이라고 이야기했다. 이렇게 만들어진 아동의 도덕성은 자신의 인생 전체를 지배하고 그 기준으로 세상을 바라보게 된다. 피아제에 따르면 도덕성은 3단계에 걸쳐 형성된다.

5세 전에는 옳고 그름을 판단할 기준을 가지지 않는 단계라서 이 단계를 '전도덕기'라고 부른다. 하지만 5세에서 10세 사이에는 사회가 만들어놓은 규칙과 정의를 '신'이나 '경찰'과 같은 '절대권력'이 만든 것으로 인식하게 된다. 이 결과 위급한 상황에서 구급차를 타고 가는 도중에도 신호를 모두 지켜야 한다고 여기기 시작하며 위반 시 벌을 받아야 할 나쁜 행동으로 여기게 된다. 이렇게 타인이 만들어 놓은 규칙에서 도덕성이 만들어진다고 해 이 시기를 '타율적 도덕성 시기'라고 부른다. 10세 이상이 되면 친구와 주변 사람들의 관계를 통해 인지가 발달되면서 규칙도 변할 수 있다는 것을 이해하게 된다. 사람이 규칙 아래에 있는 것이 아니라 규칙보다 사람이 위에 있다는 것을 인지하기 시작한다. 다시 말하면 옳고 그름의 도덕성은 단순히 결과만 보고 판단하는 것이 아니라 누가 어떤 의도를 가지고 있느냐에 따라 도덕성 판단이 달라진다는 것을 인지한다. 그래서 이 시기를 '자율적 도덕성 시기'라고 부른다.

이런 발달적 시기를 거치면서 마지막 단계인 '자율적 도덕성 시기'에서 나와 타인의 상호 관계 속에서 타인의 수용 범위를 얼마나 깊이 인지하느냐가 도덕성의 깊이도 깊어지게 된다.

김 의원의 과거 발언으로 봤을 때 '법대'를 거쳐 '군 법무관', '검사'를 거치면서 세상을 '법'으로 바라보게 됐을 것이다. 이 결과 자율적 도덕성을 버리고 타율적 도덕성을 받아드리는 퇴행이 일어났을 가능성이 높다.

더군다나 5세에서 10세에 느끼는 신과 같은 절대권력인 경찰을 뛰어넘어 스스로 '검사'로서의 폐쇄적 자존감을 강하게 인식하며 살아가게 됐을 것이다. 자신이 하는 말은 모든 것이 옳고 남이 하는 무조건 틀리다는 식의 '절대권력'의 막말은 결국 스스로의 무지함을 드러내는 꼴이 된다.

'황희 발언'으로 스스로의 생각이 옳다고만 생각했던 김진태 의원은 국민들이 하는 생각은 부족해서 가르치고 고쳐야 한다는 식의 공안검사의 가면을 아직도 쓰고 있다는 것을 스스로가 느껴야 할 것이다. 김 의원이 말하고 싶었던 조선시대는 더 이상 존재하지 않는다. 지금 대한민국은 국민이 왕이다. 김 의원을 비롯해 모든 정치인들이 제발 국민에게 뽑아달라고 고개 숙여 인사할 때의 마음을 가지고 살아가길 바란다. 정치인에게 밥을 주는 주인은 대통령도 기업인들도 아니고 오직 국민이라는 것을 절대 잊어서는 안 될 것이다. 법은 국회에서 만들지만 국회의원은 국민이 만들기 때문이다.

성과 이름을 부르는 말의 심리

"엊그제 여단장 문제 나왔을 때 그 하사 아가씨가 옆의 아가씨한테는 이야기했어요. 그렇죠?"

2015년 1월 29일 국회 군 인권개선 및 병영문화혁신 특별위원회에서 군 기무사령관 출신인 송영근(68) 새누리당 의원이 여단장에게 성폭행을 당한 피해 부사관을 '하사 아가씨'라고 표현해 논란이 되고 있다. 심리학적 관점에서 이 상황을 분석해보겠다.

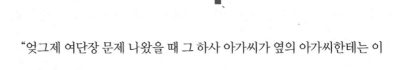

1800년대에 심리학자인 에빙하우스(Ebbinghaus)의 실험에서 시작해 심리학자 융(Jung)으로 이어진 검사가 바로 단어 연상을 통해 심리를 파악하는 것이었다. 현재는 이런 검사를 문장완성검사(SCT)라고 부른다. 완성되지 않은 문장을 어떤 단어로 채워 완성했는지 보고 그 사람의 내면의 욕구, 소망, 갈등과 같은 정보를 얻어내는 검사이다.

송 의원이 군 기무사령관 출신이라는 이유로 송 의원을 통해 군인 전체를 보는 것은 문제가 있다. 하지만 1사단장과 3사관학교장을 거쳐 중장까지 지낸 송 의원의 '하사 아가씨'라는 두 단어를 보면서 송 의원처럼 여군을 이방인 취급하는 군인들이 없으리라고 말하기도 어렵다는 것이다. 이번 사건의 여단장뿐만 아니라 계속 불거져 나오는 군대 성폭력 사건을 말이 아닌 행동으로 증명하고 있는 것이다.

사전에는 아가씨를 '처녀나 젊은 여자를 가리키거나 부르는 말'이라고 나와 있다. 하사라는 분명한 직급과 성이 있는데 그것을 부르지 않는다는 것은 군인으로 인정을 하지 않는다는 것이다. 심리학에서는 '성'과 '이름'으로 나눠 분석한다. 외국에는 여성이 결혼을 하면 아버지의 성을 버리고 남편의 성으로 바꾼다. 온전히 남자의 문화에 들어가는 것을 말한다.

하지만 우리나라는 결혼 후에도 아버지의 성을 그대로 사용한다.

이 상황에서 남편이 아내와 싸울 때 평상시에 부드럽게 부르던 이름 앞에 '성'을 넣어 딱딱하게 부른다. 그건 '아직 나의 문화에 들어오지 않고 당신의 아버지의 문화를 유지하고 있다'라는 걸 표현하는 것이다.

하물며 송 의원은 성폭력 피해를 입은 하사관에게 '성'도 없고 '이름'은 '하사 아가씨'라고 해 또다시 아픔을 주었다. 군인인데 군인이 아니라고 막말한 것과 나라를 지키는 모든 여군 부사관들에게 자신들이 뽑아놓고 이방인 취급을 한 것이다.

'하사 아가씨'라고 부른 송 의원은 이제 '송 아저씨'가 더 어울리지 않을까 생각된다. 앞으로 송 의원의 이름을 국민이 어떻게 부르게 될 것인지 궁금해진다.

글자무늬의 맛

지난 2015년 5월 5일 '잔혹 동시'라는 키워드가 인터넷을 떠들썩하게 했다. 10세 소녀 이 모양은 "시는 시일 뿐인데 진짜라고 받아들인 어른들이 많아 잔인하다고 하는 것 같다"라고 말했다.

시집 전체의 논란보다는 이 양이 쓴 '학원가기 싫은 날'이라는 한 편의 시가 논란이 돼 전량 폐기처분됐다. 시집 전체가 문제가 있던, 한 편이 문제가 있던 '글'의 중요성에 대해서 심리학적인 분석해 보도록 하겠다.

시도 다른 장르와 마찬가지로 글이고, 글자로 표현된다. 시의 내용을 독자들이 눈에 담고, 마음에 영향을 받기 때문에 이 양이 말한 것처럼 시는 시일뿐이지 않다는 것을 알아야 한다.

글자는 맛있다. 기역(ㄱ)은 '각도'라는 단어 속에서 꺾이는 맛이 난다. 니은(ㄴ)은 '누워'라는 단어 속에서 눌린 납작한 맛이 있다. 디귿

(ㄷ)은 동굴 같은 맛이 있다. 리을(ㄹ)은 '라면'에서 혀를 감게 마드는 부드러운 맛이 있다. 이렇게 자음과 모음 글자무늬 하나하나의 맛이 존재한다. '가족'도 맛이 느껴진다. '가'장인 아빠의 단단함의 맛도 있지만 '족'쇄 같은 답답함의 맛도 있고 '족'보 같은 뿌리의 맛도 있다.

미음(ㅁ)은 '마음'에서 안정적인 맛이 난다. 비읍(ㅂ)은 '바보'에서 부끄러운 맛도 난다. 시옷(ㅅ)은 '시샘'에서 시시한 맛이 난다. 이응(ㅇ)은 '아내'에서 둥글고 태양의 맛이 난다. 지읒(ㅈ)은 '중년'에서 지긋한 맛이 난다. 치읓(ㅊ)은 '초콜릿'에서 촉촉한 맛이 난다. 키읔(ㅋ)은 '칸타타'에서 크고 웅장한 맛이 난다. 티읕(ㅌ)은 '토마토'에서 독특한 맛이 난다. 피읖(ㅍ)은 '파티'에서 신나는 맛이 난다. 히읗(ㅎ)은 '하늘'에서 하얀 맛이 난다.

'라면'이라는 단어 앞에 '신(辛)'이라는 글자가 붙으면 혀로 맛보지 않고도 이미 글자를 눈이 인식해 머리 속에서 '맵다'라는 맛의 개념을 만들어낸다. 이 개념은 입안에 침을 고이게 한다. 이런 과정을 보면 인간은 언어를 통해 생각을 만들어낸다는 것을 알 수 있다.

아기일 때는 몸의 감각이 먼저였지만 언어의 지배를 당하면서 생각하는 인간으로 자라서 존재하기 때문에 언어라는 글자무늬에 의해 생각이 만들어진다.

보통 36개월 전까지의 아이는 감각에 의해서 생각과 기억을 만들게 된다. 갓 태어난 아이는 입술로만 소통을 해야 하기 때문에 동물과 거의 흡사한 감각적 동물상태다.

'신'라면을 아무리 보여줘도 시각적으로는 절대로 입에 침이 고이지 않는다. 또 우유라는 글자를 보여준다고 해서 절대로 웃게 만들 수가 없다. 하지만 우유를 먹이고 난 다음에 우유를 지속적으로 보여주게 되면 우유라는 글자무늬를 차츰 인식하게 되는 것이다. 이런 과정을 거쳐서 한국어가 모국어인 경우에는 한글무늬를 통해 뇌가 자극을 받게 된다.

이 과정을 4단계로 나눠서 보면 다음과 같다.

눈을 통해 글자무늬를 받아들이자마자 뇌의 후두엽에 있는 시지각에서 글자무늬를 '사진'과 같은 이미지로 인지를 한다. 이것이 첫 단계이다. '사과'라는 단어를 눈으로 받아들여 시지각에서 사과라는 대상을 사진 이미지처럼 받아들인다.

그 다음 변연계라는 곳에서 '감정'을 처리한다. 사과라는 단어에 대한 감정이 어떠하냐에 따라 '사과'라는 글자무늬의 느낌이 달라지는 것이다. 이것이 두 번째 단계이다.

이 변연계를 지나 정보는 전두엽으로 이동한다. 이 전두엽에서 작용하는 것은 '논리적 기억'이다. 과거에 사과를 맛있게 먹었던 기억이 떠오르면서 '사과'라는 글자무늬와 동일시하는 과정을 거치게 된다. 이것이 세 번째 단계이다.

마지막 네 번째 단계는 '행동'이다. 앞의 세 단계를 모두 거친 후에 입안에 침이 고이고 입맛을 다시는 입운동이 일어나게 된다. 혹은 손으로 사과를 그리거나 사과가 앞에 있으면 만지거나 하는 '행동'이 일어나게 되는 것이다.

이렇게 글자무늬는 인간의 기억과 생각을 통해 마지막 몸의 움직임을 만들어내게 된다.

초성 심리검사를 통해서 보면 자신이 글자무늬의 맛을 어떤 식으로 인식하고 있는지 알아볼 수 있다.

예를 들어 'ㄱㅈ'이 들어간 단어를 종이에 15개 써보라. 어떤 사람들은 '가족, 가정, 가장, 가죽, 가지, 고지, 공주, 공중, 구조, 구정, 거장, 걸작, 가자, 고전, 고종' 이런 긍정적인 단어를 적는다. 이 단어들을 보면 부정적인 단어들이 없다.

하지만 교도소에서 재소자들은 대상으로 초성 심리검사를 해 보면 다음과 같이 부정적인 단어들을 많이 보게 된다.

'거지, 가짜, 고자, 가증, 고장, 구질(구질), 고졸, 공짜, 강자, 검증, 건조, 군중, 곧장, 간장, 감자.'

이런 부정적인 의미를 내포한 단어들을 적는 이유를 보면 자신의 상황과 경험 그리고 생각의 결과를 그대로 표현하게 된 것이다. 살면서 긍정적인 단어보다는 부정적인 단어를 더 많이 맛봤기 때문에 그렇다. 직접적이든 간접적이든 자신이 겪어보지 못한 단어의 맛은 느끼지도 못하고 생각하지도 못하는 것이 글자무늬의 심리적 결과다.

살면서 이런 저런 경험에 따라 단어의 맛이 정해진다.

'도전'이라는 단어의 맛이 술처럼 쓴 맛 일수도 있고 달콤할 수도 있다. 이전의 승패의 경험에 따라 달라진다. 글자무늬 속에 어떤 경험을 주느냐는 그 어떤 것보다도 중요하다. 책을 펼치고 글자를 읽는 것은 아직 경험하지 않은 긍정적이고 밝은 맛을 경험하기 위한 것이어야 한다. 첫 글자무늬의 맛이 부정적이면 편견에 사로잡히게 된다. 심지어 무슨 맛인지 느껴보지 못한 글자무늬는 더욱 위험하다. 자기 마음대로 생각할 수 있기 때문이다.

초성 심리검사에서 보면 화나 분노가 많은 사람의 경우에는 단어를 거의 적지 못하는 경우도 많다. 그 이유는 생각을 하기 위한 기초 단계에서 감정이 가로막히기 때문이다. 부정적인 감정이 생각을 가로 막는 것이다. 생각이 막히면 감정만 존재하게 된다. 감정만 존재하게 되면 36개월 전의 아이처럼 동물과 같은 상태가 된다. 즉, 생각 없는 감정적 행동을 하게 되는 것이다.

화와 분노가 많을 때는 책을 읽지 못한다. 글자무늬의 맛을 느끼기 위한 생각의 과정이 막혀 있기 때문이다.

심리학에서는 화와 분노를 구분한다.

화는 상대방을 아프게 하고 스스로는 위로 받는 것을 말한다. 그래도 화를 내고 나서 사람들은 '시원하다'라는 말한다. 반대로 분노는 상대방을 아프게 한 이후에 자신도 아프게 되는 것을 말한다. 아프게 되는 것은 부정적인 감정이 만들고 이 감정은 생각을 움직이지 못하도록 묶어 버린다. 눈으로 글자무늬를 읽어야 하는 상황에 감정을 담당하는 변연계에서 마비가 오기 때문이다. 그래서 글이 눈에 들어오지 않는 것이다.

부모의 경우에 자녀가 지금 어떤 감정을 가지고 있는지 확인하지 않고 마냥 책을 읽으라고 하면 글자무늬를 읽는 시늉만 하게 된다. 아무리 읽어도 시지각에서 멈추게 된다. 절대 기억의 재구성이 되지가 않는다. 그 이유는 글자의 맛을 느끼고 있지 않기 때문이다. 글자무늬의 결마다 느껴지는 시고, 맵고, 짜고, 아름답고, 자유롭고, 깊은 맛을 느끼지 못하고 눈에서만 멈추게 된다.

논란의 주인공인 10세 소녀 이 양이 앞으로 혹시 시를 쓴다면 '시는 시일 뿐이다'라는 생각보다는 우울하고 슬퍼하고 힘들어하는 사람들이 맛있게 먹을 수 있는 아름답고 희망의 시를 쓰길 바란다.

단순 거짓말과 능숙한 거짓말

심리학에서는 거짓말의 원인과 종류를 명확히 구분한다.

'땅콩회항'의 조현아(40·구속) 전 대한항공 부사장과 '협박사건의 피해자' 배우 이병헌 씨의 경우를 보면서 단순 거짓말과 능숙한 거짓말을 이야기해 보려 한다. 단순 거짓말은 자신의 잘못이나 문제점을 감추기 위해서 하는 것이다. 이는 뻔히 보이게 마련이다.

하지만 능숙한 거짓말은 주변에서 믿을 수밖에 없는 거짓말이다. 이런 거짓말을 심리학에서는 리플리 증후군이라고 한다. 리플리 증후군이 있는 사람들은 주변의 사람들로 하여금 자신의 거짓말을 사실로 믿게 만든다. 리플리 증후군의 상태까지 오기 위해서는 단순 거짓말을 습관처럼 하면서 걸리는 경우도 있지만 대부분은 자신의 무의식적 욕구에서 시작한다.

조 전 부사장은 검찰 수사와 영장실질심사에서 항공기가 이동중인 것을 몰랐다고 주장해 왔다. 하지만 검찰 공소장을 통해 박창진 사무장으로부터 항공기가 활주로에 들어서기 시작해 세울 수 없다고 하는 것을 들은 것이 밝혀졌다. 이때 조 전부사장은 "상관없다"며 언성을 높인 것으로 드러났다.

배우 이병헌 씨는 고소 당시 피고인인 모델 이지연 씨와 이탈리안 레스토랑에서 처음 만났고 잠깐 얼굴을 본 정도라고 했다. 또 지난해 11월 피해자 진술을 위해 법원에 나왔을 때 "친한 동생"이라고 했다. 하지만 15일 선고에서 재판부가 전한 이지연 씨와 가수 다희 씨에 대한 양형 근거에 따른다면 이는 거짓말이었다.

이병헌 씨는 과거 SBS 예능 프로그램 〈힐링캠프〉에 출연해 스스로 바람둥이의 기준을 말했다. 그는 "바람둥이의 기준이 뭐예요? 배우자나 애인 있는 사람이 다른 사람을 또 좋아하는 것. 그런 면에서 전 추호도 부끄러움이 없어요"라고 했다.

조 전 부사장과 이병헌 씨의 경우 단순 거짓말이라기보다는 능숙한 거짓말, 즉 리플리 증후군에 차라리 가깝다.

리플리 증후군의 원인은 바로 '가면'이다. '페르소나(persona)'라고도 한다. 이 말은 고대에 배우들이 무대에서 연극할 때 쓰던 말로 라틴어에서 유래한 용어이다. 조 전 부사장과 이병헌 씨에게도 이런 가면이 있다고 가정해 보면, 자신들의 원래 모습인 자아와 회사에서의 고위직, 영화에서 주인공이라는 역할을 혼동하면서 생기는 거짓말일 수 있다는 의미이다.

조 전 부사장의 경우 성장하면서 회사에서의 지위와 권력의 가면을 쓰게 되면서 점차 자신의 원래 모습인 자아를 잃어버리게 됐을 수 있다. 이병헌 씨도 멋있거나 정의로운 주인공 역할을 하면서 자신의 원래 모습을 잃어버리고 그 역할에 빠져들어 그 가면들이 자신의 모습으로 착각하게 됐을 수 있다.

이런 삶을 살다보면 주변의 사람들의 말이 받아들여지지 않는다. 자신이 옳고 남들은 자신을 공격하는 것으로 받아들인다. 더 심해지면 양심의 가책이나 부끄러움을 느끼지 못한다. 오히려 자신의 가면을 이용해 남들을 설득하려 한다. 이러한 망상의 가면이 자신의 거짓말을 지속하게 한다. 조 전 부사장과 이병헌 씨는 자신도 모르는 가면을 썼던 것일까. 아니길 바란다. 그저 궁지에 몰렸다는 걱정과 우려에 순간적으로 나오고 만 단순 거짓말이었길 바란다. 사실은 국민과 팬 앞에서 진실한 사람들이라고 믿는다.

단순한 거짓말!
익숙한 거짓말!

마음속에는 무시와 과시라는 무늬가 있다. 무시(無視)는 안 보는 것이다.
과시(誇示)는 말을 크게 하다 보니 충분히 못 보는 것을 말한다.

3부

가족 심리학

부모는 명사가 아니라 감탄사여야 한다

‘화’와 ‘분노’ 그리고 ‘두려움’과 ‘무서움’을 구분해야 한다

2015년 2월 4일 SBS 〈한밤의 TV연예〉에서는 김우종 대표의 공금횡령으로 고초를 겪고 있는 개그맨 김준호의 인터뷰가 방영됐다. 여기서는 김준호가 김 대표의 아내에게 지난해 12월 ‘협박성 문자’를 받았다는 새로운 내용이 나오기도 했다. 이와 함께 이번 사건과 관련한 그의 심경도 전했다. 항상 유쾌한 모습으로 많은 이들에게 즐거움을 준 인기 개그맨의 괴로움 섞인 표정과 깊은 한숨. 김준호가 인터뷰에서 보인 말 한 마디, 행동 하나를 예사롭게 넘길 수 없었던 이유다.

심리학에서는 ‘두려움’과 ‘무서움’에 대해서 구분을 한다.

내 안에서 생겨나는 감정은 '두려움'이다. 반대로 외부의 분명한 대상을 보고 생겨나는 감정은 '무서움'이다. 발달과정에서 보면 아기들은 24개월 이전에는 물체가 눈앞에서 사라지면 세상에서 없어졌다고 생각한다. TV에 귀신이 나와도 '두려움'이라는 인지가 없다. 옆에서 엄마, 아빠 혹은 가족들이 '어~ 무서워~'라는 말을 반복하면서 외부적 대상인 귀신과 함께 아기에게 '무서움'이라는 개념을 만들어주는 것이다

이런 식으로 '귀신=무서움', '호랑이=무서움', '경찰아저씨=무서움'의 공식은 영화, 드라마, 책뿐만 아니라 엄마들의 반복적인 말의 반응을 통해 '무서움'이라는 인지를 가지게 된다. 김준호에게는 '김우종=무서움'이라는 공식이 이미 생긴 것으로 보인다. 김준호가 김 대표를 보면 비명을 지르며 도망가거나 숨을 거라는 의미가 아니다. 오해가 있을까 봐 부연하자면, 김 대표는 김준호가 믿었던 사람인데 피해를 주고 도망쳤으며, 그로 인해 김준호가 소중히 여기는 것들이 파괴됐다. 김준호에게 김 대표는 이처럼 무서움을 준 명확한 외부 대상이라는 뜻이다.

반대로 내부적으로 생기는 '두려움'은 대상이 명확하지 않은 것이다. 뭔지 모르는 추상적인 불안한 감정이 바로 두려움이다. 늦은 시간 주변에 아무도 없고 혼자 집에 있을 때 내 안에서 올라오는 것은 무서움이 아니라 바로 '두려움'이다. 김준호에게는 '서로 믿지 못하는 상황=두려움'이라는 인지도 생겼다.

인터뷰를 보면서 김준호 씨는 김 대표와 자신과 갈등을 겪고 있는

다른 주주들에게는 '무서움'을 느끼고, 풀리지 않는, 그리고 앞으로 어떻게 풀어야 할지 모르는 이 상황에 대해서는 '두려움'을 느끼고 있다는 것을 알 수 있었다. 또한 화가 아닌 분노도 볼 수 있었다.

심리학에서는 '화'와 '분노'를 구분한다.

상대방을 아프게 하고 자신이 위로를 받는 것은 '화'라고 한다. 하지만 상대방을 아프게 하는 동시에 자신도 아픈 것은 '분노'라고 한다. 보통 가족 관계에서 '분노'가 많다. 가족이라 여기며 지금까지 이끌어 온 코코엔터테인먼트가 무너졌다. 확신에 찬 말과 행동들이 가족과 같이 여겼던 선후배와 주주들에게 아픔이 돼 버렸다는 것에 스스로를 더욱 힘들게 하는 모습을 보였다. 김준호의 얼굴에는 '분노'가 많았다. 너무 아픈 것이다.

뭔지 모를 이런 상황이 '두렵고', 마음속에서는 '분노'가 꽉 찬 김준호 씨가 이 상황을 이겨내는 것은 '웃음'뿐이다. 그를 보면 웃었던 국민들에게는 '김준호=실패' 혹은 '김준호=안쓰러움'이라는 동정심에 의한 인지가 화석화되기 전에 웃음을 찾아 다시 뛰길 바란다. TV에서 그를 보기 위해 기다리는 이유는 이런 힘든 상황 속에서도 주변에 많은 선후배들이 김준호를 지키는 모습에 국민들은 뭔지 모를 '응원과 기대'를 하고 있기 때문이다.

마지막으로 김준호와 친한 이들에게 당부한다. 그는 무서움과 두려움을 겪고 있고 분노에 휩싸여 있다. 함께 있어 줘야 한다. 그를 혼자 둬선 안 된다.

가족시스템 중독 1탄

2015년 1월 13일 인천 송도의 한 어린이집 교사가 음식을 뱉는다는 이유로 네 살배기를 폭행한 소식이 전해져 온 국민을 분노케 하고 있다. 또 부평에서도 어린이집에서 교사가 아이에게 주먹질을 했다는 혐의로 조사를 받고 있다. 이 분노는 쉽게 가라앉지 않을 것으로 보인다.

이 교사들도 한 가정의 딸이었을 것이고 부모로부터 양육 받아 성장했을 것이다. 근데 어떻게 폭력이라는 (그것도 아이를 상대로 한) 무늬를 지니게 되었을까? 결과는 과정을 보면 의외로 쉽게 이해할 수 있다.

동물은 뇌의 성장이 최대 1년이다. 1년이면 지능이 화석화된다. 하지만 인간은 10년이다. 10년 동안 부모로부터 반복된 말, 행동, 감정을 통해 '부모시스템'에 중독된다.

범죄 전력이 있는 이들을 상담하다 보면 '감정 없는' 말로 스스로를 표현하는 걸 볼 수 있다. 이들의 10살 이전의 과정을 분석해보면, 5살 이전 부모 사이에서 지속적인 말다툼이나 애정 없는 관계를 경험한다.

이런 경우가 있다. 부모의 이혼으로 새엄마가 들어와 동생이 생긴다. 모든 관심이 동생에게 돌아가면서 세상을 잃어버린 것 같은 감정을 이때 처음 느낀다. 이후 친엄마에게 옮겨진 아이는 7살쯤 돼 새아빠가 생긴다. 새아빠와 친엄마 사이에서 태어난 동생에게 또다시 두 번째 세상을 잃어버린다.

마지막으로 조부모에게 맡겨져 초등학교에 입학한 아이는 친구들에게서 자신이 잃은 '엄마 아빠 세상'을 보상받으려는 심리가 생긴다. 이때 세상을 다 가진 친구들과 괴리감을 느끼고는 자신처럼 세상을 잃은 친구가 편하다는 것을 알게 된다.

세상을 잃어버린 아이들은 이미 받았어야 할 사랑의 말, 행동, 감정의 공간에 욕설(말), 싸움(행동), 화나 분노(감정)를 채우게 된다. 특히 초등학교 3학년쯤에 모국어의 '언어빅뱅시기'를 겪으면서 부정적인 표현은 폭발한다.

열정은 100도 온도처럼 끓어야 하지만 부모라는 세상을 잃어버린 아이들은 끓는 물을 넘어서서 모든 것을 녹여 버리고 싶어 하는 용암과 같다. 1200도가 넘는 용암은 가까이 오는 모든 것을 녹여 버린다. 이런 용암과 같은 사람들은 스스로가 무섭다고 고백한다. 용암같이 돼 버린 현재의 자신을 보며 왜 이렇게 되어 버렸는지 이해할 수 없어 한다.

아이는 늘 그 자리에 서 있다. 그 아이를 이리저리로 옮기는 것은 그 아이를 낳은 부모 자신이다. '1등'이라는 자리에, '성공'이라는 자리에, '부자'라는 자리에 옮겨놓은 아이는 '부모의 아바타'로 성장해 또다시 자신의 아바타를 생산해 조종할 것이다.

부모의 아픔을 그대로 자녀에게 대물려주는 것은 무의식적으로 일어나는 시스템이다. 어느 부모도 자신들의 잘못된 시스템을 인지해서 고치기는 어렵다. 하지만 아이는 부모 자신의 거울을 넘어선 그 자체다. 거울은 보고 싶을 때만 보지만 자녀는 보고 싶지 않을 때도 눈앞에 있는 부모 그 자체다. 아이를 보며 반성하고 고쳐나가야 한다.

부모는 '명사'가 아니라 '감탄사'다

일각에서는 어린이집 보육교사 폭력의 원인으로 월급 등 처우 개선의 문제로 보고 있다. 하지만 이런 이유가 전부라면 폭력이 '상습적'으로 이어지지 않는다. 외부적인 문제도 작용을 하고 있는 것이다. 아이들에 대한 폭력의 죄책감과 반성이 보이지 않는 것은 교사 자신의 가정시스템의 문제로 인한 것일 가능성이 분명히 있다. 내부적인 문제가 상처로 남았기 때문에 자신 또한 피해자라는 생각을 하는 것이다. 이런 피해의식은 잘못을 뉘우치며 말해야 하는 순간에도 그저 "죄송합니다"라는 말만 늘어놓게 만들게 된다.

사랑은 명사가 아니라 동사다. 하지만 부모는 명사가 아니라 감탄사가 돼야 한다.

가족시스템 중독 2탄

2015년 1월 13일 인천의 한 어린이집 교사가 음식을 뱉는다는 이유로 네 살배기를 폭행한 소식이 전해져 온 국민을 분노케 하고 있다. 경찰이 확보한 폐쇄 회로(CCTV)를 통해 폭행 장면은 여과 없이 공개됐다.

두 가지가 눈에 들어왔다. 하나는 아이를 무참히 내리치는 교사다. 또 다른 하나는 겁에 질려 한쪽에 무릎을 꿇고 자세를 바로잡는 다른 10여 명의 아이들이었다.

이 교사는 '가족구조시스템 중독'일 가능성이 높아 보인다. 사람은 자신의 마음을 언어와 행동, 이 두 가지로 표현한다. 오랜 시간에 걸쳐 화석화된 언어와 행동은 중독된다. 부모 중 한 명이 언어나 행동으로 폭언·폭행을 지속적으로 표출하면 자녀는 싫지만 중독이 된다. 그 시스템에 중독돼 어른이 돼서도 동일한 폭언과 폭행을 하게 된다.

예를 들어 남자들은 여자친구가 부드러우면 눈앞에서는 좋지만 돌아서면 매력을 못 느끼고, 반대로 자신에게 '지시'를 자주 하고 강압적 태도를 보이는 여자친구가 눈앞에서는 싫지만 돌아서면 매력적으로 느껴질 때가 있다. 이런 현상은 어려서부터 강압적인 어머니 밑에서 자란 아들, 즉 '가족구조시스템 중독'일 경우도 있는 것이다.

겁에 질려 한쪽에 무릎을 꿇고 자세를 바로잡는 아이들의 심리는 마치 군대에서 폭행에 길들여진 군인들과 같다. 1961년에 예일대 심리학과 교수인 스탠리 밀그램은 '인간이 어느 정도까지 권위에 복종하는가'라는 의문과 관련된 실험을 했다.

참가자들은 실험참가비로 4달러를 받았다. 실험 감독관은 독일군을 연상케 하는 하얀색 가운을 입었다. 실험에서 참가자들로 하여금 주어진 문제를 내서 벽 너머에 있는 대답하는 사람이 틀릴 때마다 15볼트 단위로 전기 충격을 주게 했다. 전기 충격기는 실험을 위해 만든 가짜였다. 대답하는 사람도 고의로 문제를 틀렸다. 또 전기 충격에 대한 반응도 가짜였다. 이때 대답하는 사람의 비명소리를 듣고 '그만 해야 할 것 같다'고 이야기는 하지만 실험자가 계속하라는 말에 참가자는 계속해서 전기 충격을 줬다.

이 실험을 통해 사람은 '권위'에 의해서라면 무조건적인 복종을 하고 심지어 잔인한 행위도 저지를 수 있다는 것을 증명했다. 이 어린이집 교실의 아이들은 교사의 폭행에 길들여져 같은 상황이 되면 무릎을 꿇고 자세를 바로 잡으면서 복종하게 되는 것이다. 이번 한 번의 폭행이 아니라는 것은 아이들의 모습을 통해 증명이 된 것이다.

또 이 교사는 '일종의 훈계다. 고의는 아니었다'라고 해명했다. 만일 해명대로 이 교사가 그 순간 자신은 '훈계'를 해야 한다고 판단이 든 후 고의가 아닌 자신도 모르게 아이를 때렸다면(즉, 처벌을 면해보려 둘러댄 게 아니라면) 분노조절장애(외상 후 격분 장애)를 가지고 있는 것으로 보인다. 과거의 특정 스트레스가 많으면 나타나는 증상이다. 이 장애를 앓고 있는 사람은 주변에서 본인의 비위를 맞춰줘야 살아갈 수 있다. 이 교사도 아이들이 자신의 비위를 맞춰주지 않을 때마다 분노했을 것이다. 시한폭탄 같은 선생님이 준 정신적 충격은 아이들뿐만 아니라 온 국민들도 느끼고 있다.

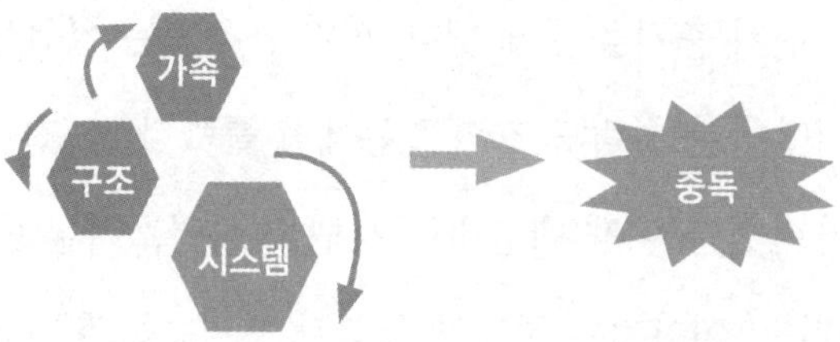

'여보如寶'는 '보배', '자기自己'는 '내 몸', '아내'는 '집안의 태양'이다

'김동성 이혼 소송', '김동성 11년 만에 파경 위기'라는 키워드가 인터넷을 달구고 있다. 더불어 '자기야 저주'라는 말도 화제가 되고 있다.

이 사건을 통해 네티즌들의 궁금증은 자연스럽게 '자기야'라는 프로그램 자체로 연결된다.

이 프로그램에 출연한 양원경 부부, 이세창-김지연 부부, 배동성 부부, 김혜영 부부, 이선정-LJ 부부, 김지훈 부부, 이유진 부부 등 총 7쌍은 이미 이혼했다.

여기에 지난해 10월 25일 농구 스타 출신 우지원 부부는 술에 취해 말다툼을 벌이다 우씨가 선풍기를 집어던져 아내의 신고로 경찰관에

체포됐다 귀가 조치되는 사건이 일어나기도 했다.

이 프로그램이 출연 부부들의 이혼과 부부문제에 영향을 끼쳤는지 심리학적 관점의 분석을 시도해 보겠다.

심리학 용어 중에 프레이밍 효과(Framing Effect)라는 것이 있다. 표현 방식에 따라 동일한 사건에도 불구하고 판단이 달라질 수 있는 현상을 말한다.

컵에 담긴 물을 보고 '절반밖에 안 남았다'라고 할 수도 있고, '절반이나 남았다'라고 생각할 수도 있는 것을 쉬운 예다. 이런 현상은 물을 바라보는 틀이 다르기 때문이다. 이때 틀을 프레이밍(Framing)이라고 한다.

자기야 프로그램 구성은 부부가 서로의 치부를 끄집어내 감정을 상하기 쉬운 상황을 만든다. 이 정도만 봐도 프로그램에 출연한 부부들의 이혼에 영향을 전혀 끼치지 않았다고 말하긴 힘들다.

치부를 드러내야 하는 프로그램의 틀은 긍정보다는 부정의 틀이 강하다. 이런 부정의 틀 안에 존재하는 부부들은 자신들의 의사결정에도 부정적인 영향을 받는다.

평상시에 1만 원을 용돈으로 받아쓰는 아이가 명절 때 갑자기 어른들에게 10만 원을 받게 되면 이 아이는 1만 원이 넘는 장난감이나 좋아하는 것을 산다. 1만 원의 틀을 인식하느냐 아니면 10만 원의 틀을 인식하느냐에 따라 판단의 결과가 달라질 수 있다. 대상에 존재하는 물건인 대상과 사람인 대인을 어떻게 인식하냐에 따라 상황적 판단과 상황적 의사 결정이 왜곡된다.

1889년 뮐러-라이어(Muller-Lyer)는 똑같은 길이의 두 선분이 끝에 추가된 깃의 방향에 따라 선의 길이가 다르게 보이는 착시현상을 발표했다.

이런 틀에 따른 판단의 결과는 달라진다. 자기야 프로그램에 나와 부부가 서로의 의견을 말할 때 문제점을 이야기해야만 하는 상황을 지속적으로 만들기 때문에 부정적인 틀이 서로에게 개념화돼 존재하게 된다.

10년 중 3년을 잘 했어도 "3년이나 잘해 줘서 고마워!"가 아니라 "7년이나 힘들게 했어!"라고 부정적 의사결정과 판단을 하게 된다는 의미이다.

김동성은 아내에 대해 "처음엔 나쁜 여자 이미지가 너무 강했다", "아내에게 9년간 아침밥을 받아본 적이 단 한 번도 없다"는 등의 말을 했고, 김동성의 아내는 김동성이 클럽에서 부킹하는 것을 친구에게 듣고 현장에서 "얹기 전에 빨리 나와!"라고 했다고 밝힌 바 있다. 이렇게 서로의 문제점을 이야기하도록 만드는 프로그램의 특성상 출연 부부의 일상에까지 부정적 인지를 만들어 줄 위험성이 높다. 당시 진행된 토크의 주제가 '부부 콤플렉스'였다.

부부가 서로 부르는 말 중에 '여보(如寶)'는 '보배와 같다'의 뜻이다. '자기(自己)'는 '내 몸'을 의미한다. '아내'는 '집안의 태양'이라는 뜻이다.

부부의 단점과 문제점을 해결해주고 시청자들에게 마음 따뜻한 프로그램이 되길 바란다. 또한 프로그램의 이름만 '자기야'로 하지 말고 내용도 그에 맞는 긍정의 틀을 만들어서 문제 있는 연예인 부부가 서로 더 단단하고 행복해지는 기사가 넘치길 기대해 본다.

경제적인 이유가 아니라 가정의 문제다

지난 2015년 1월 6일 서울 서초동에서 가장 강 모씨(48)가 부인과 두 딸을 살해했다. 이후 현장검증에 나온 그는 내내 침착하고 담담한 태도를 보였고 울거나 눈물을 흘리지도 않았다고 한다. 12일 안산에선 인질범 김상훈씨(46·특정강력범죄의 처벌에 관한 특례법에 의거, 경찰이 얼굴·실명 공개)가 부인 A씨의 전 남편의 집에 찾아가 전 남편과 의붓 막내딸을 살해했다. 김씨는 15일 영장실질심사를 위해 경찰서를 나서면서 취재진에게 자신도 피해자라고 말했다.

이처럼 대한민국은 지금 '가족 살인'으로 아프다.

많은 전문가들은 이런 사건들이 나오면 경제적인 이유가 1순위라고 말한다. 하지만 이수정(2010)의 「살인범죄 현장행동의 요인분석」 논문을 보면 543건의 사례 중 '돈 때문에 논쟁'이 살인 동기인 것은 11%다. 반면에 '사랑이나 시비'의 경우는 39.4%나 된다. 또한 정신적인 이유도 10.9%다.

경제적인 이유가 아니라 가정의 문제다.

지난해 우리나라 학생들은 각종 수학과 천문과학 국제대회에서 금메달을 땄다고 뉴스에 올라왔다. 하지만 동시에 OECD 국가 중 자살률 1위다. 2008년에서 2014년 7월 말까지 965명의 학생들이 자살했다. 초등학교에서 수학과 과학 등 많은 지식을 가르치지만 자살률은 1위다. 지식적 자신감은 키워주지만 정신적 자존감은 떨어지고 있는 것이다.

크게 보면 학교는 두 곳이다. 첫째는 가정이고 둘째는 초등학교, 중학교, 고등학교다. 지식의 자신감을 담당하는 것이 학교이다. 가정에선 정신적 자존감을 가르쳐야 한다. 지식에 대한 확신은 자신감이다. 하지만 자신이 얼마나 소중한지를 확신하는 것은 자존감이다. 자존감을 높이려면 태어나는 순간 부모로부터 사랑을 받는 것이 중요하다.

1949년에 위스콘신대학교 해리 할로우(Harry Harlow) 교수는 사랑의 학습의 중요성을 증명하기 위해 새끼 원숭이로 실험을 했다. 실험에서는 가슴에 우유병이 있는 철사엄마와 아무것도 없는 헝겊엄마로 나눴다. 새끼원숭이는 먹을 때만 철사엄마와 있었고 나머지 시간은 헝겊엄마와 함께 했다.

이 실험을 통해 알 수 있는 것은 사람은 생물학적인 배고픔보다 정신적인 배고픔이 더 중요하다는 것이다. 심리학 용어로는 접촉위안(Contact comfort)이라고 한다.

이 접촉위안을 가정에서 받지 못하면 성인이 돼 자녀에게 줄 사랑이 없게 된다. 교도소에서 상담을 통해 많은 재소자들을 만나곤 한다. 이들은 비슷한 삶의 패턴을 가지고 있다. 어려서 부모님이 헤어져 어머니가 떠난다. 이때 첫 엄마의 이미지가 깨진다. 그리고 새엄마가 들어와 자신을 때리고 학대하는 경험을 한다. 이때 두 번째 어른 여성의 이미지가 깨진다. 잘 씻지도 먹지도 못한 아이는 학교에 가서 친구들에게 놀림과 따돌림을 당한다. 이때 세 번째 친구의 이미지가 깨진다. 초등학교, 중학교, 고등학교를 지내면서 선생님들의 차가운 말과 행동에 상처를 받는다. 이때가 네 번째 선생님 이미지가 깨진다. 이렇게 4가지의 깨진 이미지를 마음에 담고 어른이 돼 가정을 이룬 후에 자녀에게는 깨진 이미지를 그대로 전해주게 된다. 이것이 심리학에서는 세대전수라고 하는 것이다. 네 가지 깨진 이미지를 가족뿐만 아니라 살면서 만나는 주변 사람들에게도 말(언어적 표현)과 표정이나 태도(비언적 표현)를 통해 전달한다.

사랑 받지 못한 아이는 학교에서 수학과 과학 등의 지식만 높아지면 자신감만 높게 된다. 이렇게 성장한 아이는 커서 사회 지도층이 되어도 자존감은 낮기 때문에 가족도 살인하고 주변 사람들도 살인을 하게 되는 것이다.

나의 에로스와 타나토스는 무엇일까

2015년 4월 9일 유서를 쓰고 잠적한 성완종(64) 전 경남기업 회장이 끝내 숨진 채 발견됐다. 경찰에 따르면 9일 오후 3시 32분 북한산 형제봉 매표소에서 등산로를 따라 300m 떨어진 지점을 기준으로 산속으로 30m 더 들어간 곳에서 나무에 목을 매 숨져 있는 것을 경찰 수색견이 발견했다.

심리학 용어 중에 타나토스(Thanatos)라는 것이 있다.

이 용어는 오스트리아의 신경학자이자 정신의학자인 지그문트 프로이트(Sigmund Freud)가 1920년에 쓴 『Beyond the pleasure principle(쾌락 원칙을 넘어서)』에서 처음 제안한 개념이다. 이 '타나토스'의 뜻은 '죽음의 본능'이다. 이와 반대로 제안된 개념은 삶의 본능으로 '에

로스(Eros)'였다. 삶의 본능(에로스=Eros)은 생명을 유지하고자 하는 정신적 에너지를 말한다. 자신을 사랑하고 타인을 사랑하는 힘은 바로 이 삶의 본능인 정신적 에너지에서 나오는 것이다.

반대로 죽음의 본능인 '타나토스'는 파괴의 본능이다. 생명을 가진 사람이 생명이 없는 무생물로 돌아가려는 본능을 말한다. 자기 스스로를 파괴하거나 혹은 타인을 파괴하려고 하는 본능이 바로 '타나토스'인 것이다.

성 전 회장의 삶의 본능과 죽음의 본능은 무엇이었을까?

그의 인생은 여느 다른 기업들의 회장들의 출생과는 다른 출발로 알려져 있다. 전쟁 통에 충남 서산에서 태어났고, 아버지와 새어머니의 냉대와 구박 속에 세 동생을 건사할 수 있는 길로서 '돈' 버는 것을 선택했다. 외삼촌이 준 10원짜리 지폐 몇 장을 들고 초등학교도 졸업하지 않은 상태에서 서울로 무작정 상경했다.

서울로 올라온 성 전 회장은 낮엔 약국 심부름을 하고 밤에는 교회 부설학교에서 공부하는 '주경야독'의 삶을 살았다. 끈질기게 노력한 끝에 1977년 건설업계에 뛰어들어 연 매출 2조 원이 넘는 경남기업을 일궈냈다. 그는 국민주택 규모의 집 한 채씩만 자식들에게 물려주고 장학재단을 만들어 200억 원 이상을 7,000여 명에게 장학금으로 지급했다. 어린 시절 잠잘 곳이 없어 남의 집 헛간을 전전하고, 신문을 배달하며 휴지를 모아 팔았던 그는 어려움을 알기에 어려운 이들을 도왔다. 이에 대해 성 전 회장은 "어려웠던 시절에 받았던 도움을 사회에 되돌려 주라"는 어머니의 유훈을 실천하려는 것이라고 밝히기도 했다.

성 전 회장의 삶의 본능은 바로 '돈'이었다. 스스로가 경제적인 어려움을 통해 돈이 얼마나 삶을 힘들게 하고 아프게 하는지를 경험했기 때문에 '돈'의 성공을 누구보다도 간절히 원했을 것이다. 그리고 어머니의 유훈처럼 '돈'으로 자신처럼 어렵게 공부하는 사람들을 도와주면서 스스로의 삶의 의미를 단단히 했을 것이다.

심리학에서는 진정한 자신과는 달리 다른 사람에게 투사된 성격을 뜻하는 용어인 '페르소나(Persona=가면)'라는 것이 있다.

성 전 회장은 2000년대 초반부터 정치권에 깊숙이 발을 담그면서 대중들에게 알려졌고, 자신도 모르게 '정치적 가면'을 쓰기 시작했다. 2003년 충청권 정당인 자민련 총재특보단장을 맡았고, 2007년 한나라당(현 새누리당) 대통령 후보 경선에서는 박근혜 후보를 지원했었다. 17대 대선에서는 이명박 후보가 당선된 후에 대통령직인수위원회 국가경쟁력강화특별위원회 자문위원 역할을 맡아서 'MB맨'이라는 꼬리표를 달기 시작했다. 2012년에는 선진통일당 소속으로 19대 국회의원을 충남 서산태안 지역구에서 출마해 당선됐다. 하지만 공직선거법에 걸려 '정치적 가면'을 벗게 되었다.

이렇게 '정치적 가면(페르소나)'을 쓴 그는 2006~2013년 5월 회사 재무 상태를 속여 해외 자원개발 사업에 지원되는 정부융자금과 금융권 대출 800억여 원을 받아내고 관계사들과의 거래대금 조작 등을 통해 250억 원 가량의 회삿돈을 횡령한 혐의(특정경제범죄가중처벌법상 사기 및 횡령)를 받아왔다. 성 전 회장은 8일 서울 명동 은행회관에서 기자회견을 열어 눈물까지 흘려가며 억울함을 호소했다.

"나는 MB(이명박 전 대통령)맨이 아니다"

성 전 회장이 9일 새벽 집을 나서기 전 남긴 유서에는 "어머니 묘소 옆에 묻어 달라"는 부탁이 있었다고 한다. 그에게 맞지 않은 정치적 페르소나를 벗고 어머님의 곁에 돌아가고 싶었던 그의 모습이 마음 아프다. 그가 삶의 본능에서 죽음의 본능으로 왜 기울어졌는지 짐작해 볼 수 있는 것은 바로 충동적 우울이었을 것이다. 성 전 회장이 '혐의 없고 결백하다'고 말했던 것의 진위를 알 길은 없다. 하지만 "어떤 어려움이 있어도 진실을 꼭 밝혀드리겠다"며 여러 차례 손수건으로 눈물을 닦아내던 그가 자살을 택한 것은 분명 '심리적 독감(Psychological flu)'이라 불리는 충동적 우울증에 걸렸을 가능성이 높다.

우울증은 자기 스스로의 자아가 사라지고 분노감정이 일어나는 것을 말한다. 이 과정에서 분노가 자기를 향하면 우울증 '현상'이 일어난다. 이때 자신도 모르게 자아가 사라진 것에 대에 분노를 표하게 되는데 이런 상실분노로 인해 '자살'이라는 결과를 선택했을 가능성이 높다. 우울은 영어로 '멜랑콜리(Melancholy)'라고 한다. 여기서 멜랑(Melan)은 그리스어로 검은색을 말한다. 우울해지면 '자아'의 색깔이 검어져서 스스로를 바라보는 눈도 같이 흐려진다.

사람은 '자아'가 변화할수록 스스로를 바라보는 눈이 흐려진다. 하지만 '죽음 본능(타나토스)'의 손을 잡을 만큼 눈을 감아 버려서는 안 된다. 어두워진 자아는 닦을 기회라도 있지만 산산조각 난 자아는 누구도 닦아주지도 못하기 때문이다.

마음속에는 무시와 과시라는 무늬가 있다

설날 연휴에 나온 뉴스 중 가장 마음이 아팠던 건 경남 거제에서 발생한 일가족 5명의 사망 소식이었다. 경찰 조사가 끝난 건 아니지만 대출 등의 원인으로 생활고에 지친 30대의 젊은 가장이 아이 셋과 아내를 죽이고 자신은 스스로 목숨을 끊은 것으로 보인다.

또 강원도 춘천에서는 우울증을 앓아 온 60대 남성이 원룸 방 안에서 숨진 채 발견됐다. 현장에서 유서가 발견됐고, 수면제를 과다 복용했다고 한다.

심심치 않게 볼 수 있는 게 자살 소식이지만 어느 때보다 즐거워야 할 명절이라는 점에서 그 씁쓸함은 더할 수밖에 없다.

왜 명절에 자살을 많이 할까?

그 이유는 바로 가족과 고향생각 때문이다. 가족과 고향은 '인정받고' 싶은 대상이자 장소이다. 하지만 인정받기 가장 힘든 게 가족과 고향이다. 있는 그대로가 아닌 더 큰 인정을 받고 싶은 마음이 생각의 간격을 두면서 거리가 생긴다. 그 공간에 욕심이 들어가 앉게 된다.

앉아 있는 욕심에게 가족들이 다가가 위안과 인정을 충분히 해주면 다행이지만 반대로 절망감을 느끼게 하거나 스스로 소외감을 느낀다면 극단적인 선택을 하게 된다.

웃고 있는 사람이 더 힘들까, 웃지 않는 사람이 더 힘들까?

심리학 용어 중에 '스마일마스크증후군'이라고 있다. 이것은 '가면성 우울증'이라고도 한다. 명절 때 오랜만에 만나는 부모님이나 형제자매들에게 경제적 혹은 심리적인 어려움을 숨기고 아무렇지도 않게 웃는 것은 더욱 내면의 고통을 키우는 꼴이 된다. 절벽에 서서 웃고 있는 거나 마찬가지다.

가족들 앞에서는 아빠가면, 엄마가면 등 자신을 숨기고 있는 모든 가면을 벗고 울고 웃으면 서로를 위로하고 인정해주는 시간을 가져야 내면의 우울증이 회복된다.

상담을 하다보면 대부분의 자녀들은 "우리 아버지는 강한 분이에요. 우리 어머니는 절대 약한 분이 아니에요"라고 말한다. 하지만 부모님들은 이렇게 말한다.

"자식들 걱정할까봐 말하기가 무서워요."

심리학에서는 '좋아하는 것'과 '사랑하는 것'을 구분한다.

남을 통해 내가 행복해 지려고 하는 마음은 '좋아하는 것'이고 나를 통해 남을 행복하게 만들고 싶어하는 마음은 '사랑하는 것'으로 구별한다.

부모가 자식을 낳는 순간에는 좋아하는 것과 사랑하는 마음이 하나로 붙어 있다. 아이(남) 때문에 내가(부모) 행복하고 또 나로(부모) 인해 아이가 행복해지길 원한다. 그러다 시간이 지나면서 이 두 가지 마음은 분리된다. 그 이유는 '비교'를 하면서 '나'와 '남'으로 구분하기 때문이다. 구분하는 것은 공격할 대상이 생긴 것이다. 하나일 때는 싸울 일이 없다. 둘이 있으면 늘 싸우게 된다.

아이는 자라면서 부모가 좋아할 때랑 사랑할 때의 태도를 그대로 학습한다. 그리고 시간이 지나 성인이 되고나서는 그 시스템에 중독돼 있다. 좋아하는 것의 반대인 싫어하는 개념도 가지게 된다. 사랑하는 것의 반대인 증오하는 것도 가지게 된다.

자신이 싫어지는 것은 무의식적으로 남을 통해 더 이상 행복해지지 않은 상태일 때다. 자신을 증오하는 것은 나 때문에 남이 불행해진다고 느끼는 상태이다. 문제는 자기 자신이 싫어지면서 동시에 증오스러울 때 '자살'을 선택한다는 것이다.

'명절자살'을 막으려면 어떻게 해야 할까?

마음속에는 무시와 과시라는 무늬가 있다. 무시(無視)는 안 보는 것이다. 과시(誇示)는 말을 크게 하다 보니 충분히 못 보는 것을 말한다.

충분히 봐야 한다. 그래야 진심과 진실을 알게 된다. 충분히 보지 않고 말을 크게 하면 이 또한 안 보는 것과 같다. 명절에 가족들끼리 충분히 서로를 봐야 한다. 눈을 보고 생각을 보고 마음을 봐야 한다. 솔직하게 봐야 한다. 명절은 지나간 시간을 정리하는 날이 아니라 지나친 마음을 정리하는 날이어야 한다.

스마일마스크증후군

목숨보다 귀중한 생명이 이루는 가족

'안산 인질범' 김상훈(46)의 정액과 유전자(DNA)가 의붓 막내딸 몸에서 검출됐다. 성폭행 의혹은 사실로 밝혀졌다. 취재진을 향해 "경찰이 내 말을 막고 있다. 철저한 수사가 이뤄질 수 있도록 도와 달라며 외쳤던 그였다. 가족과 타인의 인권을 짓밟은 후 자신의 인권을 외친 꼴이다. 그의 거짓말은 계속 이어진다. 성폭행 사실뿐만 아니라 범행의 계획성도 거짓이었다. 김씨는 범행 계획이 없었다고 했지만 인근 마트에서 목장갑을 구입한 것이 주변 폐쇄 회로(CCTV)에 찍혔다.

심리학에서는 목숨과 생명의 개념을 구분한다.

목숨은 머리와 몸을 연결하는 '목'이고 숨을 쉬다의 '숨'이다. 동물이든 사람이든 목으로 숨을 들이마시고 내시면서 스스로를 움직인

다. 목숨은 능동적이다. 목숨은 의지를 포함한다. '목숨과도 바꿀 수 있다'라는 말이 있다. 보통 가족에 대한 마음을 비유해서 말할 때 사용된다. 하지만 생명이라는 것은 추상적이면서도 바꿀 수 있는 개념이 아니다. 인간으로서 가져야 할 자연스러운 '사람의 무늬'를 말한다. 생명은 신성한 것이다. 목숨이라는 개념은 생명 안에 존재하는 것이다. 생명을 유지하면서 목숨을 바꿀 수도 있을 정도로 소중한 사람이 되기도 하지만 파리 목숨이나 하찮은 목숨이 되기도 한다.

김씨는 목숨과 같은 딸을 성폭행하고 살해까지 했다. 딸의 목숨을 아빠가 없앤 것이다. 악마의 영어단어인 'devil'은 어원이 '분리, 분열'의 뜻이다. 딸을 그대로 보지 못하고 또 하나의 망상인 여자를 만들어내서 분리시킨다. 이렇게 나눈 망상의 여성을 진실로 믿으며 사랑하고 증오하는 것은 곧 스스로를 악마라고 할 수 있는 것이다. 김씨는 사람의 무늬를 하고는 있지만 실제로는 악마의 무늬를 하고 있는 것이다.

범죄 전력이 있는 이들을 상담하다 보면 대부분 반성, 피해자들에 대한 미안함 등을 표출한다. 그런데 가끔 '상담 시작 자체가 불가능한' 이들이 있다. 사람이 곧 '괴물' 혹은 '악마'가 돼 버린 경우이다. 괴물이나 악마가 둘러싼 거대한 막에 갇혀 자신을 잃어버렸다고도 할 수 있다. 너무 심한 표현으로 들릴지 모르지만 이외엔 표현할 길이 없다.

김씨도 이들과 같다. 자체가 괴물이나 악마가 돼 버린 그에게 향후 후회나 반성 같은 걸 기대할 수 있을지 의문이 든다.

김씨의 경우 정신분열증을 앓고 있는 것은 분명하다. 물론 더 많은 정신병을 가지고 있지만 '분리'의 개념으로 분석하면 김씨는 자기 스스로를 '분리'시킨 경험에서 이 증세가 시작됐을 것이다. 자신의 모습을 과대평가 받거나 과소평가를 받으면서 자라는 경우 실제 자신의 모습과 거리가 생기는 그 공간에 망상이 자리하게 된다. 과대평가의 경우에는 허황된 꿈이나 이기적인 마음이 자리하게 된다. 이것이 화석화되면 '자기애성 성격장애'를 동반하게 될 가능성도 있다. 반대로 과소평가의 경우에는 피해의식과 증오가 마음에 자리하게 된다. 이것이 지속되면 자신의 상처를 여성에게 '강간 도착증'으로 표출하거나 성적 살인으로 드러낸다. 남성에게는 손이 아닌 칼을 사용하는 범죄로 이어진다. 가족 살인의 경우에는 살인도구로 칼보다는 손의 비율이 높다. 김씨의 경우에 칼을 사용했다는 점에서 큰딸이나 막내딸을 가족으로 생각하지 않았다는 것을 증명하는 것이기도 하다.

우리나라는 사형을 실제로 집행하지는 않는다. 아무리 끔찍한 범죄를 저지르더라도 생명은 부지할 수 있다. 하지만 사람인척 하지만 실제 사람은 아닌 '인간 아바타'로 살아가게 될 것이다. 김씨는 목숨 없는 살인자에 불과하다. 자신의 잘못과 부끄러움이 없는 것은 스스로를 생명 없는 기계로 만들었기 때문이다.

제2의 김상훈이 나타나지 않게 하기 위해서는 늘 말뿐인 정치인들도 아니고 안 보인다고 폭행하는 교사들도 아닌 가정에서부터 신뢰와 사랑이 회복돼야 한다. 국민 스스로가 건강해야 한다. 그래야 국가의 생명과 목숨을 지킬 수 있을 것이다.

'사랑'은 보여줘야 하고 알아줘야 하지만 '우울'은 안아주고 보듬어줘야 한다

지난 2015년 3월 3일 전남 장성군에서 엄마가 18개월 된 아기를 숨지게 하는 사건이 발생했다. 전남 나주에서도 지난달 10개월 딸을 엄마가 살해한 사건이 있었다. 지난해 3월엔 서울 도봉구에서는 엄마가 생후 5개월 된 딸을 베개로 눌러 질식사시켰다. '아기 살해', 그것도 '엄마의 아기 살해'라는 이 입에 담기도 힘든 범행의 배경엔 바로 산후우울증(Postpartum depression)이 자리 잡고 있다.

"아기 보면 화가 나요", "아기가 귀찮게 느껴져요", "모유수유를 하면서 짜증이 나고 화가 나요", "아기 우는 소리에 미칠 것 같았어요"

이런 모든 감정들은 자아를 깨트린 현실에 대한 분노를 아이에게 감정전이하면서 나오는 언어무늬들이다.

마음에는 결이 있다.

인간의 마음은 삼층 구조로 이뤄져 있다. 첫 번째 마음구조는 태어난 후 '본능'에 따라 움직이는 마음을 '원초아(Id)'라고 한다. 두 번째는 본능이 아닌 '현실'에 따라 움직이는 마음구조인 '자아(Ego)'가 있다. 마지막으로 현실을 넘어서 '양심(Conscience)'과 '도덕(Morality)'에 따라 움직이는 마음구조인 '초자아(Super-Ego)'가 있다.

심리학에서는 우울증을 '심리적 독감(Psychological flu)'이라고 부른다.

자신도 모르는 사이에 사랑하는 대상(자아)이 사라져 분노감정이 일어나는 것이 우울증의 '과정'이고, 분노가 자기를 향해 나타나는 것이 우울증의 '현상'이다. 자신의 일부(자아)가 상실돼 슬퍼지는 것뿐만 아니라 자기를 버려두고 떠나 버린 대상(자아)에 대한 분노를 동시에 느낀다. 우울증은 상실분노와 분리분노가 폭풍처럼 휘감아 열이 나고 마음을 아프게 하는 심리적 독감인 것이다.

하지만 우울증(Depression)과 산후우울증(Postpartum depression)은 다르다.

산후우울증은 '감정전이'다.

결혼을 하고 임신을 하면서 여성은 현실적인 삶을 포기하거나 미루게 된다. 이때 현실에 따라 움직이는 자아가 깨진다. 내 마음속에 자아가 깨지면서 '자아상실 분노'를 느낀다. 동시에 자아가 사라져서 자신을 버려 두고 떠난 것에 분노를 느낀다. 결혼 전에는 이런 분노들을 자기 자신에게 돌렸지만 임신을 통해 아이를 출산 후에는 자신의 자아붕괴의 원인을 아이에게 감정전이하게 된다.

우울과 우울증은 다르다.

우울은 검은 느낌이 마음에 들어와도 마음의 삼층 구조에서 견뎌낼 수 있는 것을 말한다. 하지만 우울증은 삼층 구조 중에 본능에 따라 움직이는 원초아가 깨져서 몸으로 표현이 되는 현상을 말한다. 식욕, 성욕, 수면욕과 같은 본능에 문제가 생긴다. 이것이 바로 우울을 넘어선 우울증이다. 산후우울증은 출산 후 먹고 관계하고 잠을 자는 것에 몸의 무늬가 깨지면서 생기는 분노를 아이에게 원인을 돌리게 된다. 이때 자신의 아이를 살해하는 상황으로까지 이어지게 되는 것이다.

우울증에 걸리면 눈에 보이는 것이 없어진다.

우울을 영어로는 '멜랑콜리(Melancholy)'라고 한다. '멜랑(Melan)'은 그리스어로 검은색을 뜻한다. '콜리(choly)'는 담즙을 의미한다. 인체에 흐르는 피에는 흑담즙이 있는데 이 흑담즙이 많이 나오면 우울증을 겪는다는 의미에서 생겨난 말이다. 우울하면 얼굴도 마음도 어두워진다. 결과적으로 마음의 눈도 어두워진다. 자신을 바라보는 눈도 흐려지지만 자기의 아이를 바라보는 눈도 닫히게 된다.

우울증을 이겨낼 수 있는 방법은 가족의 사랑밖에 없다. 엄마가 되는 과정이 얼마나 소중하고 아름다운지 이야기를 나눠야 하고 축복받아야 한다. 아이를 출산하고 키우는 것 자체에 지지와 응원을 받아야 한다.

사랑은 우울보다 늘 달리기를 잘한다. 사랑은 보여줘야 하고 알아줘야 한다. 반대로 우울은 안아주고 보듬어줘야 한다.

아빠와 남극형 증후군

아내와 두 딸을 살해해 충격을 주고 있는 '서초동 가장' 강 모씨(48)의 말을 통해 이번 사건을 심리학적으로 분석해 보겠다.

그는 "생활고와 미래 불안 때문에 아내와 두 딸을 살해했다"고 말했지만 그의 아파트 시가는 11억 원이었다. 살인의 이유가 생활고라고 말한 것과 아파트 담보로 5억 대출은 앞뒤가 맞지 않는다. 주식투자에 실패했지만 아직 1억 3,000만 원이 남았고 아파트를 팔아도 수억 원이 남을 수 있다. 그를 살인으로 이끈 이유로 박탈감이나 부모가 자식의 목숨을 소유물로 여긴다는 것으로는 설명이 부족해 보인다. 심리학을 통해 다양한 원인에 대해 알아보겠다.

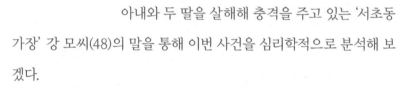

그의 직업을 보면 공통점이 바로 '숫자와 돈'이다.

첫째, 돈을 공부하는 경영학과 출신이다.

둘째, 숫자에 민감한 IT기업 상무를 역임했다.

셋째, 돈과 숫자를 담당하는 재무회계 업무를 담당했다.

넷째, 돈에 죽고 살고 숫자에 예민한 주식투자를 했다.

이렇게 '숫자와 돈'에 갇혀서 살아온 그의 삶을 들여다보면 살인의 원인도 추측해 볼 수 있다. 숫자는 영어로 '디지트(Digit)'이다. 오늘날처럼 숫자의 지배를 당한 세상을 '디지털(Digital) 시대'라고 한다. 이 시대에 살아가는 사람들을 '디지털 원주민'이라고 한다. 이들은 숫자로 세상을 이해하고 바라본다. 숫자로 행복해지고 불행해진다. 돈은 물질이고 돈이면 다 되는 것을 물질 만능주의라고 한다. 인간의 가치를 상실하게 되는 것이다.

그는 실직 후 1년간 고시원이라는 좁은 공간으로 출퇴근하기도 했다. 심리학에 남극형 증후군이라고 있다. 이 증후군은 좁은 공간에서 생활하다보면 심리와 행동이 격해져서 말다툼과 몸싸움으로 이어지는 현상을 말한다. 남극에 파견된 연구원들이 그렇고, 우주선에서 생활하는 우주인들이 그렇고, 잠수함에서 생활하는 군인들이 그렇다.

여기까지 정리해보면, 그는 숫자로 세상을 바라보며, 물질만능주의에 빠졌으며, 남극형 증후군을 앓고 있었을 가능성이 높다. 또한 그의 부모는 "고생을 모르고 편하게 자란 것이 문제"라고 말했다. 고생을 모르고 자란 그는 명문대 졸업, 외국계 IT기업 상무 출신, 대형 한의원에서 재무회계 업무를 보면서 가지게 된 것은 바로 '자존심'이다.

자존심을 보호하기 위해서 돈과 시간을 낭비하는 무의식적 가기방어기제를 지니고 살아가게 된 것이다. 직장을 잃은 상태에서 주식투자로 자존심을 만회하려고 하는 것은 일종의 자기핸디캡 전략을 사용했던 것이다. 하지만 이마저 통하지 않자 그는 스스로를 '세 모녀 살해 가장'을 선택하게 됐다.

아픈 곳에는 밴드를 붙여줘야 하는데 밴드 붙이는 속도보다 아파하는 속도가 더 빠르다

총 4명이 사망한 2015년 2월 25일 오전 세종시 장군면 금암리 편의점 총기 난사 사건은 치정극이었다. 피해자는 편의점 사장과 사장의 아버지, 사장 여동생의 동거남이며 용의자는 사장 여동생의 전(前) 동거남인 강 모씨로 알려졌다.

강씨의 전 동거녀가 경찰에 1년 6개월 전 헤어진 후 '재산 분할' 등 금전적 문제로 다퉈왔다고 진술했지만 이는 엄밀히 말해 '이별범죄'이다.

최근 들어 젊은층과 노년층에 이르기까지 사랑하는 사이의 '이별범죄(Separation-Crime)'가 많이 일어나고 있다. 도대체 왜 사랑했던 사람에게 '살인'과 '폭력'을 선물할까? 결론부터 말하자면, 사랑했기 때문이 아니라 좋아했기 때문이다.

좀 더 구체적으로 말해보겠다. 이전의 다른 글에서도 말한 바 있지만 심리학에서는 '사랑하는 것'과 '좋아하는 것'을 구별한다.

내가 행복해지려고 이성을 옆에 두는 것은 '좋아하는 사람'이다. 나로 인해 상대방을 행복하게 만들고 싶어서 옆으로 가는 것은 '사랑하는 사람'이다.

강씨가 동거녀를 사랑했다면 금전 문제는 절대 이런 잔혹한 살인극의 원인이 될 수 없다. 좋아했기 때문에 이런 끔찍한 결과로 이어진 것이다.

동거까지 했던 여자와 주변 인물들을 재산 갈등으로 죽이려 했거나 죽였다는 건 강씨가 동거할 당시 그녀를 행복하게 해주려던 마음이 있었던 게 아니라, 그 동거녀로 인해 자기 행복을 누리려 했다는 걸 나타낸다.

이번엔 돈 문제가 중간에 끼어들긴 했지만, 최근 애인이 헤어지자고 했다는 이유로 폭행을 하거나 심지어 살해까지 했다는 뉴스가 종종 보인다. 다시 한 번 강조하지만 이런 사람들은 애인을 사랑하지 않았다. 좋아했을 뿐이다.

이런 범죄를 저지르게 되는 마음을 보면 좋아하는 사람을 두고 헤어지면서 '분리불안장애(Separation anxiety disorder)'를 일시적으로 가지게 된다. 이 장애는 자신이 애착했던 대상(사물)이나 대인(사람)으로부터 신체적으로 그리고 심리적으로 분리될 때 불안을 느끼는 것을 말한다.

불안을 없애려고 대상과 대인을 없애는 것이다. 불안의 반응은 신체와 심리로 나눈다. 신체로 불안이 오면 구통, 구토, 복통과 같은 신체 증상을 호소하기도 한다. 심리로 불안이 오면 악몽, 울음, 걱정, 장소거부, 시간거부와 같은 증상을 보이기도 한다. 이때 불안을 느끼는 스스로가 외향적이냐 내성적이냐에 따라 표현이 달라진다.

내성적인 경우에는 나이에 따라 소아 우울증이나 사회 공포증 또는 범불안장애를 가지게 된다. 즉, 자신이 그 불안에 의한 고통을 몸에 새겨서 지니게 되는 것이다. 눈에 보이는 것만 소유하고 지니는 것이 아니라 불안도 마음과 생각에 새겨서 글자무늬처럼 지니게 된다. 마치 신체에 문신을 그려 넣은 것과 같다.

외향적인 경우에는 불안이라는 개념을 '나약함'으로 여긴다. 유아기부터 청소년기까지 자신의 부모로부터 강압을 받았거나 폭행을 당한 경우 또는 부모 사이에 폭행을 본 경험을 경우에는 성장해서 연인과 헤어질 때 몸과 마음에 새겨진 경험을 그대로 모방하게 된다. 특히, 부모가 술을 먹고 폭행하는 것을 목격한 경험이라면 자신도 자라서 술을 먹고 폭행을 하게 된다.

이별범죄에 사용되는 도구는 '손, 칼, 불, 총'으로 다양하고 강해지고 있다. 그만큼 가족이 사회가 국가가 아픈 것이다.

가족이 아프면 사회도 아프다. 사회가 아프면 국가도 아프다. 아픈 곳에는 밴드를 붙여줘야 하는데 밴드 붙이는 속도보다 아파하는 속도가 더 빨라서 안타까울 뿐이다.

사랑의 무늬를 남겨야 한다

수니파 무장단체 이슬람국가(IS)가 어린이를 대상으로 미래의 테러리스트를 교육하고 훈련하는 모습을 공개했다. 아이들의 최소연령이 5세 정도로 모두 군복을 모두 입었고 띠를 머리에 둘렀다. 그야말로 완벽한 군인의 모습이다.

또 다른 동영상에서는 10세 정도로 보이는 소년 2명이 무릎 꿇고 있는 인질의 목에 막대기를 대고 있다.

이 아이들이 외치는 말은 이랬다.

"우리는 종교도 나라도 없다. 우리는 어린이와 여자, 노인을 살해한다. 우리는 이 마을의 젊은이 모두를 죽이기로 했다."

가장 슬픈 동영상이자 가장 마음 아픈 동영상임에 틀림없다.

예측하건데 앞으로 IS를 통해 '살인기계의 패러다임'이 전염될 가능성이 높다.

패러다임(Paradigm)이라는 용어는 토마스 쿤(Thomas Kuhn)이 1950년에 쓴 책 『The Structure of Scientific Revolution(과학적 혁명의 구조)』에서 처음 사용됐다.

쿤은 과학적 연구를 하는 사람들이 자신이 세운 틀 안에서 활동을 하지만 결국 특정 과학 안에서 자신들의 과학적 활동을 이끄는 지배적인 더 큰 틀이 존재하고, 이것을 바로 '패러다임'이라고 했다.

자신의 틀(Frame)을 형성하는 더 큰 틀(Paradigm)이 있는 것이다.

아이는 태어나서 24개월이 지나서야 걷기 시작하면서 신체적 자아상을 처음 형성한다. 그러다 7세가 넘어가면 남에게 드러내 보이는 공적인 자아를 새롭게 만든다. 이 공적인 자아는 순수한 자신의 자아와 불일치한 자아다. 북한에서 어린이들이 세뇌교육을 통해 어리광 부려야 할 나이에 줄맞춰 공연을 하는 모습이 바로 공적인 자아다. 어리광 부리고 통제 불가능한 모습의 개인 내적 자아가 기계처럼 줄맞추고 춤추고 공연하는 공적 자아에 지배당했기 때문이다. 북한 세뇌교육의 패러다임에 눌려 아이들의 '신체-심리-사회조직-상황'이라는 4개의 틀이 형성된 것이다.

틀(Frame)을 만들어내는 과정에는 무늬가 생긴다.

신체적 틀은 몸에 남기는 무늬를 말한다. 상담에서 만난 한 내담자는 저녁 6시만 지나면 오른손을 떤다고 했다. 두 딸의 아버지가 수십 년간 이런 증상을 달고 살았다.

원인은 과거의 반복된 신체적 틀에 의해 생긴 것이다. 이 내담자는 어려서 저녁마다 술 취한 아버지에게 맞았다. 맞을 때마다 오른손으로 막아서 버텼다. 이 행동이 오른손에 '불안, 초조, 분노'와 같은 무늬를 남긴 것이다.

IS 어린이들도 이와 같이 신체적 틀을 가지고 성장하게 될 것이다. 심리적 틀은 정서에 남기는 무늬를 말한다. 정서는 감정과 감성으로 이루어진다. 살인자와 인질 역할을 훈련받으며 사람무늬를 지우고 살인기계 무늬만 남기게 된다.

사회조직과 상황 틀은 관계의 무늬를 남긴다. 가부장적 아버지에게 자란 아들은 가부장적인 관계를 통해 물려받는다. 도덕성을 지나치게 강조하고 지시하는 아버지가 싫지만 시간이 지나면서 그 관계 시스템에 중독된다. 성인이 된 자신의 모습은 어느덧 아버지의 가부장적인 모습을 그대로 닮아 있게 된다. IS 아이들은 살인자의 시스템 속에서 타인을 인질로 바라보는 시스템에 중독 될 것이다.

사랑의 무늬가 아닌 살인의 무늬를 가지게 되는 IS 어린이를 구출하지 않으면 지구에는 사람의 무늬보다 피의 무늬가 더 많이 그려질 것이다.

아는 것보다 중요한 것은 안는 것이다 가르치는 것보다 중요한 것은 같이하는 것이다

"친구를 무는 버릇이 있는 B군에게 물면 아프다는 것을 알게 해 주려는 의미였다"

2015년 1월 30일 수원서부경찰서에 따르면 수원 모 어린이집 원장 A씨(56)는 지난해 6월 27일 당시 26개월 된 원생 B군의 팔을 3~4차례 물었고, A씨가 경찰조사에서 말한 해명이다.

그리고 오늘(5일)은 경기도 남양주시내 한 어린이집에서 40대 여교사사 4세 아동을 바늘로 찌르는 학대를 했다는 신고가 접수돼 경찰이 수사에 나섰다는 보도가 나왔다. 아이의 말로는 “준비물을 가져오지 않으면 선생님이 바늘로 찔렀다”고 한다.

최근 이처럼 어린이집, 유치원 같은 아동 교육기관에서 상식적으로는 이해할 수 없는 일이 자주 일어난다. 남양주 교사의 경우 현재 혐의 자체를 부인하고 있다고 하지만 김치를 뱉었다는 이유로 4세 여아의 뺨을 강하게 때려 충격을 줬던 인천 송도 어린이집 교사나 아이를 깨문 원장에서 볼 수 있듯이 이들이 자신의 행위가 적발돼 문제가 되면 대는 대부분의 명분이 ‘훈육’ 차원이었다는 것이다. 남양주 교사도 아이의 말이 사실이라면 바늘로 찌른 행위는 아이가 준비물을 잊지 말고 챙기도록 하기 위한 훈육이 목적이었다.

이는 결국 근본적으로 아이들의 발달과정을 제대로 이해하지 못하고 있기 때문에 일어나는 현상이다. 교육기관에서 뿐만 아니라 가정에서도 종종 일어난다.

시각의 경우 태어나서 20cm 거리의 대상과 눈을 마주치면서 소통을 시작한다. 그러다 10세 정도가 돼야 성인의 시력을 가질 수 있다. 시력은 판단에 도움을 준다. 하지만 아이들의 시력은 늘 부족하다. 그렇기 때문에 자신의 가까이에 존재하는 것에 생각도 머물게 된다. 생각이 짧고 단순한 것은 당연한 것이다.

청각의 경우 주파수의 높고 낮음에 따라 영향을 달리 받는다. 낮은 주파수, 즉 부드러운 저음은 아이들에게 안정감을 준다. 하지만 화내는 높은 소리의 경우 아이들에게 불안함을 준다. 이런 높고 뾰족한 소리에 익숙한 아이들은 불안 증세를 보이면서 타인에게도 똑같은 소리를 보내게 된다.

후각의 경우 엄마의 체취를 통해 안정감을 가진다. 태어나서 일정한 시간이 지나면 엄마와 아이는 같은 체취를 가지게 된다. 엄마 이외에 다른 가족이 안을 때 우는 이유 중 하나는 바로 이 '체취'에 있다. 그만큼 엄마의 체취가 중요하다. 어린이집에 가서 적응 못하고 자주 우는 경우는 엄마와 다른 냄새에 적응을 잘 하지 못해서 오는 불안감이 있기 때문이다. 성인이 돼 엄마의 체취와 비슷한 사람에게 끌리는 것도 이와 같은 맥락이다.

이런 감각들 중에서 아이에게 가장 중요하다고 할 수 있는 것은 바로 '촉각'이다.

1949년 할로우(Harlow) 교수는 '가짜원숭이' 실험을 했다. 실험에서 우유병이 있는 철사엄마원숭이와 그냥 헝겊엄마원숭이로 나눠 새끼원숭이의 반응을 살펴보았다. 결과는 새끼원숭이가 철사엄마원숭이의 우유만 먹고 헝겊엄마원숭이에게 안겨서 시간을 보냈다. 이 실험을 통해 아이에게 가장 중요한 것은 촉각 즉, '접촉위안(Contact comfort)'라는 결과를 얻었다.

아이들에게 '지시적인 가르침이나 강압적인 지식'은 상처만 줄 뿐이다. 어려서 수학이나 과학을 가르쳐 세계에서 1등을 하지만 반대로 청소년 자살률도 1위다. 이것은 가슴 없는 머리만 만들기 때문이다. 아이에게 매일 길게 안아주고 부드럽게 '미안해, 사랑해, 고마워'를 말하며 감정을 나눠야 한다. 부모의 머릿속 '사랑'이 가슴으로 내려와 맞닿아 있는 아이의 가슴을 통해 전달된다. 가슴으로 전달된 이 사랑은 아이의 머리에 새겨지게 된다. 이런 아이는 성장해서 남들에게 사랑을 나눌 수 있는 사람이 된다.

아는 것보다 중요한 것은 안는 것이다. 가르치는 것보다 중요한 것은 같이하는 것이다.

아는 것보다 안는 것!
가르치는 것보다 같이하는 것!

안아주고 사랑해 주는 것은 '기초적 신뢰'를 만든다

안산 인질범 피의자 김상훈(46)은 인질극 당시 의붓 막내딸을 살해한 후 사진과 동영상을 찍어 부인에게 전송했다. 큰딸에 따르면 자신과 친아빠의 동거녀가 보는 앞에서 김은 "사랑한다. 너는 내 여자"라는 말을 동생에게 하고 몇 시간 뒤 결박을 푼 후 가슴을 만지며 성추행하고 이어 성폭행까지 시도했다고 했다.

심리학에서는 화와 분노를 구분한다. 화는 남을 아프게 하면서 자신은 위로를 받는 것이다. 분노는 남을 아프게 하면서 동시에 자신도 아픈 것을 말한다. 이 사건을 보면서 국민들은 마음이 아프다. 그러면서 분노가 올라오는 것이다. 하지만 김 스스로는 변명만 하고 있다. 남의 탓만 하고 있다. 이것은 머리와 가슴에 '화'로 가득한 '악마'의 모습이다.

이런 이야기가 있다.

'어려서 학대를 받고 살았지만 열심히 노력한 끝에 자수성가한 남자가 있었다. 그에게는 부인과 딸이 생겼고 그토록 원하던 스포츠카를 사게 됐다. 스포츠카를 샀던 그날 너무 기분이 좋아서 저녁에 차를 보려고 차고에 내려갔다. 그러던 중 이상한 소리가 들려서 열어 보니까 어린 딸이 못을 들고 차를 긁고 있는 모습을 보게 되었다. 이 남자는 이성을 잃고 손에 공구를 쥐고 딸의 손을 짓뭉개버렸다. 딸은 대수술을 받았지만 손을 절단해야만 했다. 수술이 끝나서 깨어난 딸은 아빠를 보자마자 절단된 손을 비비며 말했다. "아빠 다시는 그러지 않을께요. 용서해 주세요." 아빠는 딸의 모습을 보고 마음이 아파서 그 자리를 떠나 집으로 돌아갔다. 얼마 후 아내에게 전화가 왔다. 남편이 자살을 했다는 것이다. 남편이 자살을 한 이유는 집으로 돌아가 차고에서 자신의 스포츠카에 긁어 놓은 글씨를 발견했기 때문이다. 그 글씨는 "아빠 사랑해요(I love you, daddy)"였다.

분명한 것은 김은 분노가 아니라 화를 내고 있다. 자신의 잘못을 보지 못하고 있기 때문이다. 19일 오전엔 현장검증을 하면서 유족을 조롱했다. 부인이 전 남편과의 사이에서 낳은 아들이 "왜 우리 엄마 괴롭히느냐"고 소리쳤을 때 그는 입꼬리를 올리면서 비웃었다. 그리고는 "니 엄마 데려와"라고 놀리듯 말했다. 부끄러움과 미안함을 전혀 느끼지 못하고 있는 것이다. 정서적 둔감이나 와해된 언어 그리고 망상과 같은 모습은 정신분열증 환자에게 많이 나타나는 증상이다.

김이 지속적으로 말하는 것은 바로 부인의 '외도'이다. 외도에 대한 의심은 많은 부부들의 이혼의 원인 중 하나다. 하지만 살인으로 이어지는 경우에는 피의자가 정신병을 앓고 있는 경우가 많다. 특히 김의 경우에는 정신병 '종합백화점'이다. 그나마 가장 가까운 장애는 편집증적 성격장애다. 이 장애의 특징은 의심을 잘한다. 또 투사를 잘한다. 투사(Projection)라는 것은 외부로부터 자신이 상처받지 않기 위해서 무의식적으로 자기를 보호하는 심리를 말한다. 납득하기 어려운 생각이나 감정의 경우 남에게 돌려버리는 마음을 말한다. 김의 경우도 자신의 살인을 부인과 경찰의 탓으로 돌리는 것은 투사를 하는 것이다.

편집증적 성격의 또 다른 특징은 남들이 자기를 해치려는 나쁜 음모를 가지고 있다고 생각한다. 그러다 보면 자신의 마음은 철저히 감추고 싸움만 하려는 성향을 보인다. 독재자의 경우 이런 모습을 많이 보인다.

이 사건은 곧 다른 사건으로 잊혀질 것이다. 하지만 꼭 알아두어야 할 것이 있다. 이런 살인자들의 편집증적 성격과 정신분열증은 그들 스스로가 만드는 것보다 그들의 부모가 만드는 경우가 많다. 부모가 아이를 안아주고 사랑해 주는 것은 '기초적 신뢰(Basic trust)'를 만든다. 이 기초적 신뢰가 없다면 이 아이는 자라서 구멍 뚫린 기초적 신뢰의 공간에 불신과 분노 혹은 미움과 증오로 채우게 된다. 가족의 시스템과 국가의 시스템에 기본적 신뢰가 회복되는 대한민국이길 바란다.

문화적 유전자를 통해 '아픔'도 유전된다

2015년 3월 4일 경기도 안산시 단원구의 한 호프집에서 세월호 유가족 4명이 가게 주인과 다른 손님을 폭행해 경찰에 입건됐다.

일행 중 남성 1명은 주인의 얼굴을 주먹으로 치기도 했다. 폭행 피해자는 "(유가족들이) '안하무인' 상태였다"며 "'넌 여기서 장사 못 해. 내가 너 망하게 해버릴 거야'라고 소리를 치기도 했다"고 밝혔다.

이 사건은 지난해 세월호 참사 가족대책위원회 임원진 등이 대리운전 기사 폭행 사건에 연루된 후 일어난 사건이라 더욱 안타깝다. 이때 "내가 누군지 아느냐", "국회의원에게 고분고분하지 않다"는 등 같이 있던 국회의원과 유가족의 발언도 논란이 됐다.

뇌가 마비되면 내가 마비된다.

계속되는 세월호 유가족의 폭행사건에서 동일한 점은 술을 마신 것과 특권의식을 나타내는 말을 했다는 것이다. 술은 뇌를 마비시킨다. 그 결과 언어조절도 마비시킨다. 말하는 기능을 담당하는 브로카 영역과 듣는 영역을 담당하는 베르니케 영역은 술에 의해 마비가 되면 비논리적인 말과 자신의 소리를 높이는 결과를 가진다.

유가족들은 세월호 침몰사고로 가족을 잃어 분노가 '학습'됐고 '중독'까지 돼 있을 가능성이 높다. 사소한 말에도 스트레스와 분노를 느끼게 된다. 이때 '분노 호르몬'인 노르아드레날린(Noradrenalin)이 분비된다. 이렇게 되면 혈압 상승으로 이어져 감정 조절이나 집중력 그리고 사리판단이 되지 않는다.

세월호 유가족들에게는 문화적 아픔의 유전자가 존재한다.

유전자(Gene)는 두 가지로 나눠진다. 하나는 누구나 알고 있는 생물학적인 유전자다. 또 다른 하나는 문화적 유전자(Meme)다. 이 표현은 영국의 생물학자인 토킨스의 책 『이기적 유전자(The Selfish Gene)』에서 처음 사용된 용어다. 이 문화적 유전자는 모방을 통해서 다른 사람에게 전달되는 방식을 말한다.

스포츠에서 우리나라 국가대표팀이 일본만 만나면 초월적인 집단적인 힘을 발휘하는 것을 볼 수 있다. 한국인이라면 일본인과의 경쟁에서 지고 싶지 않을 것이다. 일제강점기를 통해 받은 고통과 아픔을 조부모 때부터 문화적으로 유전됐기 때문이다. 언어뿐만 아니라 표정과 느낌 그리고 집단행동과 같은 비언어적인 방식을 통해 유전됐다. 이런 유전은 생물학적인 유전이 아닌 문화적인 유전이다. 세월호 유가족들에게는 이런 아픔의 유전자가 존재하고 있다.

세월호 유가족들에게서 아픔의 유전자가 제거될 수 있도록 도와줘야 하는 게 우리 사회의 남은 역할이다. 일본대표팀을 만나 승리하는데 필요한 집단 문화적 유전자는 필요하지만 국민들끼리 서로 이길 필요는 없기 때문이다.

억압받으며 성장한 사람은 '왕'이 되고 싶어 한다

여고생을 포함해 19일간 무려 8명의 여성을 성폭행한 30대가 경찰에 붙잡혔다는 소식을 봤다. 경기 양주경찰서는 지난 2015년 2월 24일 성폭력 범죄의 처벌 등에 관한 특례법 위반 등으로 차 모씨(30·무직)를 구속했다.

차씨는 지난달 13~31일 채팅 애플리케이션(앱)을 통해 '조건만남'을 하자며 여고생 등 여성들을 꾀어 모텔에서 흉기로 위협하거나 때린 뒤 성폭행한 혐의를 받고 있다. 차씨는 경찰에서 혐의를 인정하면서 "왕이 된 기분이 들었다"고 진술했다.

누군가 당신에게 지금 당장 '목적 없는' 행동을 해보라고 요구하면

당황스러울 수 있다. 왜냐면 인간은 목적 없는 행동을 할 수가 없기 때문이다. 인간과 동물의 차이점은 바로 이것에 있다. 목적은 곧 생각이다. 생각은 언어에 의한 사고 작용이다. 언어를 배우기 이전인 3세 이전에는 거의 동물과 같은 상태이다. 먹고 배출하는 신체적인 움직임은 동물과 유사하다. 감각이 행동을 지배하고 있기 때문이다.

심리학에서는 억압(Repression)과 억제(Inhibition)를 구별한다.

약 36개월이 지나면서 인간은 언어를 사용하게 된다. 언어는 글자무늬로 된 것도 있지만 표정이나 소리 그리고 온도와 같은 개념무늬가 있다. 이런 글자무늬와 개념무늬 모두 언어를 통해 이루어진다. 부모로부터 표정이나 소리 등을 통해 감정이나 욕구를 억제 받는다. 먹고 싶은 식욕을 느끼지만 행동으로 옮기지 못하도록 적절하게 억제해 주는 것이 부모의 역할이다. 이런 순간이 모여 '건강한 자아'와 '건강한 의식'이 형성하게 된다. 하지만 식욕, 성욕, 수면욕 등과 같은 욕구들은 억제기능을 통해 조절된다.

억제가 아닌 억압을 받은 경우 문제가 발생한다. 신체와 연결된 욕구를 유아시기부터 억압을 받는 경우 의식에서 '고통'이라는 개념을 고착화시킨다. 이 결과 불쾌한 의식은 고통스러운 기억으로 잠재하게 된다.

이런 경험을 가지고 성장한 사람은 식욕의 경우 거식증이나 반대인 폭식증으로 이어진다. 수면욕의 경우 기면증이나 반대인 불면증(Insomnia)으로 이어진다. 성욕의 경우 왜곡된 성에 대한 개념을 가지면서 성희롱, 성추행, 성폭행과 같은 성폭력 범죄를 저지르게 된다. 욕구가 적절한 억제가 아니라 억압받게 되면 감정이 파괴된다. 감정이 파괴되면 본능이 공격적으로 고착화된다. 이런 현상은 죄책감이나 수치심을 상실하게 한다.

억압받으며 성장한 사람은 '왕'이 되고 싶어 한다. 왕이 되면 억압에서 벗어날 수 있기 때문이다. 우리 역사에 등극부터 시대적 상황을 잘못 만났거나, 타고난 몸이 너무 허약해 제대로 된 정치를 할 수 없었거나, 능력은 있지만 당쟁이 너무 심해 휘말리는 등 여러 이유로 불행한 삶을 살았다고 평가되는 왕들이 꽤 있다.

특히 신권(臣權)의 도전에 끊임없이 직면하고 그 횡포에 대한 견제에 골머리를 앓아야 했던 조선시대의 왕은 왕으로 사는 것 자체가 사실은 불행이었다고 말하는 이들도 있다.

하지만 여자 수 명을 성폭행하고 "왕이 된 기분이었다"고 한 그 사람보다 불행한 왕이 또 있을까.

배변훈련!
생후 36개월까지는
부모의 모든 것을 흡수한다

지난 2015년 3월 20일 서울 금천경찰서에 따르면 10대들이 성인 남성을 폭행한 후 돈을 뜯어내고 협박까지 한 혐의로 검거됐다. 이들은 모바일 채팅 애플리케이션을 통해 2 대 1 '조건 만남'을 미끼로 30대 남성을 모텔로 유도했고, 방에 들이닥쳐 "내 여동생인데 무슨 짓이냐"면서 때리고 돈을 가져가고 집까지 찾아가 협박을 했다. 이런 가출 청소년들의 철저한 '역할 분담' 범죄에 걸려든 남성은 성매매를 하려한 사실이 알려질까봐 신고도 못했다.

이보다 앞서 중학생들이 신용카드를 위조해 사용했다가 검거됐다는 소식도 있었다. 이런 행각들은 단순히 혈기 왕성한 나이때 일어나는 '우발적' 사고가 아니다. 10대들이 '계획적' 범죄에 나서고 있는 것이다. 거의 '범죄 설계' 수준이다.

'10대들 범죄'의 핵심 중 하나는 모방범죄(Copycat crime)이다.

여기서 '모방(Copycat)'은 서양에서 음흉하고 부정적인 의미를 상징하는 고양이(Cat)와 따라하거나 복사한다는 의미의 'copy'가 합쳐진 것이다. 모방범죄(Copycat crime)와 모방자살(Copycat suicide), 모방범죄자(Copycat killer) 등으로 사용된다.

『청년기(Adolescence: 1904)』, 『청년(Youth: 1906)』을 쓴 심리학자인 스탠리 홀(Stanley Hall)은 이 청소년 시기를 '질풍노도의 시기(A period of storm and stress)'라고 말했다. 성인도 아니고 그렇다고 아동도 아닌 애매한 시기이다. 신체는 성인과 흡사할 수 있지만 인지와 감정은 성인이 아닌 것이다.

청소년 심리 발달학 이론을 연구한 심리학자 에릭슨(Erikson)은 청소년기에 최대의 발달 과업은 '자아정체감의 확립'이라 했다. 인간의 모든 행동은 '학습'에 의한 것이다. 보고 들은 것을 따라하면서 행동하게 되는 것이다. 자아정체의 핵심은 '모방(Imitation)'이다. 특히 생후 36개월까지는 부모의 모든 것을 흡수하고 6세까지는 흡수했던 모든 것을 표현한다. 그 이후 12세까지는 사회기술과 성적 자기인식을 발달시킨다. 6세에서 12세까지를 잠재기(latency stage)라고 부른다. 이러한 과정을 통해 자아를 형성하는 핵심요소가 바로 '모방'인 것이다. 12세 이전까지 '무엇을 모방했느냐'에 따라 사춘기 행동의 결과가 달라지는 것이다.

배변훈련(Toilet training)도 10대들 범죄에 영향을 미친다.

10대들의 성범죄는 구강기 다음 단계인 항문기(Anal stage)와 관련이 깊다. 항문기는 '배변훈련' 기간을 말한다. 생후 1년 6개월에서 36개월까지를 항문기(Anal stage)라고 말한다. 이 항문기 때 배변훈련은 기다림과 조바심, 여유와 신경증과 같은 대비되는 태도를 선택하게 만든다. 부모가 어떤 모습을 보이느냐에 따라 성장해서 똑같은 모습을 타인에게 드러낸다. 배변훈련 때 조바심을 보이고 신경증을 지속적으로 보인 자녀는 성장해서 타인과의 관계에서도 조바심과 신경증을 그대로 표출하게 된다. 항문기 때 부모에게 받은 비언어적 무늬를 몸에 새겨놓고 자신도 모르게 드러내게 되는 것이다.

10대들 즉, 청소년들의 범죄는 단순한 10대라는 시기의 문제가 아니라 과거에 그들에게 말과 행동을 새겨놓은 부모, 지속적으로 부정적인 사건과 과정을 노출하는 사회의 문제이기도 하다. 청소년들은 부모의 말과 행동을 모방하기도 하지만 TV와 스마트폰에서 간접적으로 경험한 것을 무의식적으로 따라 하기도 한다. 절제 없이 노출되는 성적인 표현과 사진 그리고 범죄의 과정이 생각과 감정을 조절하기 힘든 청소년들에게 모방범죄를 일으키는 원인이 될 수 있는 것이다.

마음은 막혀 있는 동굴이 아니라 열려 있는 터널이다

2015년 2월 12일 서울서부지법 형사 제12부(부장 판사 오성우)는 선고 도중 조현아(41·여) 전 대한항공 부사장의 반성문을 공개했다. 조현아의 반성문을 분석해보면 크게 5가지의 흐름이다.

1. 과거 – 비행기 난동사건에 대한 후회와 박 사무장과 승무원에 대한 미안함을 드러냈다.
2. 현재 – 구치소 입소 후 자신의 상황을 통해 '배려'를 깨달았고 이것이 부족했음을 드러냈다.
3. 미래 – 반성하고 타인이 베푸는 정을 아는 사람이 되고 싶은 마음을 드러냈다.
4. 현재 – 우유에 인디언밥을 말아먹거나 주먹밥을 먹는 일상의 즐거움을 드러냈다.
5. 미래 – 피해자들에게 미안하고 어떻게든 용서받고 싶다는 마음을 드러냈다.

심리학에서는 '과거-현재'에 따른 '무의식-전의식-의식'을 분석한다.

무의식은 과거에 벽장 속에 가둬 둔 기억과 같은 것이다. 자신이 열어서 확인하는 것이 거의 불가능할 정도로 깊숙이 자리 잡은 것이 바로 무의식이다. 이런 무의식은 자신도 모르는 말, 글 그리고 행동으로 드러난다. 글을 통해 드러난 무의식의 한 예는 바로 '사과 쪽지'였다. '갑질'에 대한 사과였음에도 쪽지에 나온 표현들은 오히려 조 전 부사장의 '갑질'에 대한 증거가 돼 버렸다.

땅콩회항사건에서의 빼놓을 수 없는 게 고급 견과류 '마카다미아'이다. 조 전 부사장은 마카다미아를 먹는 것이 당연했을 거고 직원들에게 갑질하는 것이 편안했을 거다. 그 이유는 어린 시절부터 대우받는 것에 중독돼 있었기 때문이다. 하지만 이번 구치소의 생활에서 그 무의식을 누르고 새로운 의식을 살리는 모습이 느껴진다. 반성문 속에 사용된 단어들 중에 '인디언밥'이 그 증거이다.

'12월 30일에 구치소 입소했을 때 작은 박스에 담긴 그릇, 칫솔, 내의, 양말이 제가 가진 전부였다. 제 주위 분들은 스킨과 로션을 빌려주고 과자도 선뜻 내줬다. 인디언밥에 우유를 말아먹거나 주먹밥…'

일반 사람들에게 생소했던 '마카다미아'가 아닌 '인디언밥'을 먹으며 너무도 당연한 정상적인 의식을 가지기 시작했다는 것이다. 기본적인 의식이 자신의 잘못을 느끼게 만들고 용서를 구하고자 하는 마음을 형성하게 한다.

심리학에서는 '마음 안'과 '마음속'을 구별한다.

'마음 안'에는 동굴처럼 텅 비어 있는 공간을 의미할 때 사용하다. 마음 안에 정상적인 '의식'이 없고 텅 비어있으면 그 공간에 비정상적인 '무의식'이 채워져 있다는 것을 의미한다. 반대로 '마음속'은 꽉 차 있는 공간을 의미한다. 속 깊은 마음이 정상이다. 하지만 속이 비어 있는 마음은 텅 빈 머리보다 무섭다. 그래서 머리보다 마음을 채워야 한다.

이번 조 전 부사장의 반성문이 진심이라면 반복해서 '고마움'과 '반성하는 마음'을 행동으로 보여줘야 할 것이다. 국민의 마음은 막혀 있는 동굴이 아니라 열려 있는 터널이다. 조 전 부사장이 터널을 지나 나오느냐 아니면 동굴에 갇혀 버리느냐는 '진심'에 달렸다.

가족 안에 있는 마음의 창

지난 2015년 3월 12일 오후 서울중앙지방법원 형사3단독 유환우 판사의 심리로 서세원의 상해 혐의 4차 공판이 열렸다. 여기서 부인 서정희씨가 밝힌 내용들은 가히 충격적이다.

"19살 때 남편을 처음 만나 성폭행에 가까운 일을 당하고 2개월 만에 결혼해 32년간 거의 포로생활을 했다", "이 자리에서 차마 밝힐 수 없는 남편의 욕이 시작됐다. 처음 듣는 내용이 아니었다. 그 욕은 32년간 서세원이란 사람이 불러온 '노래'였다."

심리학 용어 중에는 조(Joe)와 해리스(Harry)가 착안한 '조하리의 창(Hohari's window)'이라는 것이 있다. 사람의 마음을 창문(window) 모양으로 비유한 것이다.

사람 마음은 남이 들여다 볼 수 있고 또 자신도 스스로의 마음을 볼 수 있다. 반대로 남이 들여다 볼 수 없는 내 마음이 있고 심지어 나 자신에게도 안 보이는 내 마음의 영역이 존재한다.

부부싸움과 이혼도 서로의 '마음'을 이해하지 못해 일어난다. 나도 알고 남도 아는 마음은 '개방된 영역(Open area)'이라고 한다. 부부끼리 오래 살다 보니까 서로 잘 알고 있는 마음의 영역을 말한다. 하지만 나는 모르지만 남이 아는 마음이 있다. 이 영역을 '눈먼 영역(Blind area)'이라고 한다. 또 자신은 아는데 남은 몰라주는 마음의 영역이 있다. 이것을 '숨겨진 영역(Hidden area)'이라고 한다. 이 영역에서 대부분의 부부싸움을 유발시킨다. 남이 당연히 알아줄 것이라고 생각했지만 결국 몰라주기 때문에 실망하고 싫어진다. 마지막으로 자신도

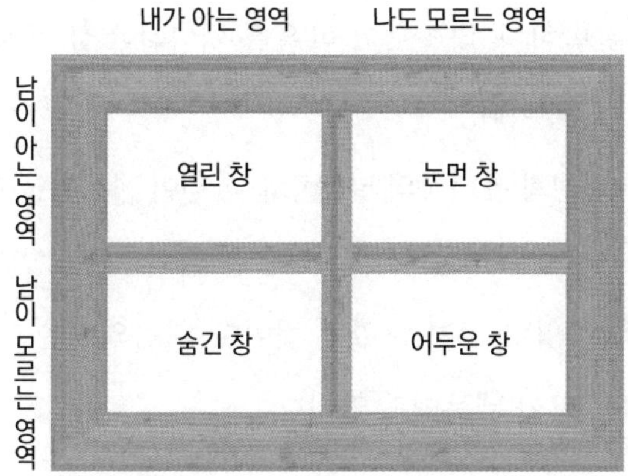

모르고 남도 모르는 영역이 있다. 이 영역을 '무의식의 영역(Darkness area)'이라고 한다.

이렇게 마음이라는 창에는 '개방되고', '눈이 멀고', '숨겨지고', '무의식인'이 4가지의 영역이 존재한다. 부부가 서로의 마음을 몰라주는 영역이 크고 두꺼워질수록 미움과 상처는 커지게 되는 것이다.

사람이 태어나서 6개월이 지나야 자기 자신을 인지하기 시작한다. 그러다가 24개월이 넘어가야 신체적 자아상을 형성하게 된다. 그러다가 초등학교 들어갈 때가 되면 공적 자아라고 해서 자신의 자아와 다른 남들에게 보여지는 또 다른 자아를 만들어낸다. 공적 자아를 다른 말로 하자면 가면(Persona)을 쓰는 것이다. 집에서는 자기 멋대로 하면서 밖에 나가서는 착한 척하는 '가면'을 쓰면서 자신의 본 자아와 남들에게 보여지는 공적 자아가 분리된다. 연예인 생활을 하면서 공적 자아가 너무 두꺼워져서 가면이 자신의 본 모습인 것처럼 느껴질 때도 있다.

이 부부의 경우 서세원은 부인 서정희를 무시(無視)했다. 무시는 보지 않는 것을 말한다. 바라보고 마음을 읽어줘야 할 마음의 창에 돌을 던져 깨트린 것이다.

결국 깨진 서정희 유리창의 날카로운 파편이 서세원을 향해 겨누게 된 것이다. 고기 좋아하는 아내의 기분을 풀어주는 방법으로 고기만 사줬지 마음은 닦아 주지 않았던 것이다. 마음의 창이 너무 어두워 보이지 않을 정도가 됐는데도 말이다.

가면 속에 숨겨진 인격

심리학에서는 '자기애성 인격장애'라는 것이 있다. 이것의 특징은 자신의 만족감을 위해 특별한 계층의 사람과 어울리려고 하고, 자신이 생각한 특별한 사람만이 자신을 이해할 수 있다고 믿는 것이다. 다른 이에게 특별대우 받는 것을 당연하게 여기고 대인관계가 착취적이다. 이용가치가 없거나 자신의 이상에 충족되지 않는 사람에게는 평가절하와 비난을 쏟아붇는다.

조현민 대한항공 전무의 '복수하겠어'라는 표현에서는 마음에는 복수를 가지고 있으면서 그 대상인 국민들과 직원들에게는 사과문과 반성문이라는 '가면'을 쓰고 있다는 것을 알 수 있다. 심리학 용어 중에 페르소나(Persona)라는 것이 있다. 원래 그리스의 고대극에서 연극배우들이 쓰던 가면을 말한다. 인간은 상황에 따라 자기에게 맞는 가면을 쓰고 인간관계를 이루어 간다고 할 수 있다. 하지만 가면 안에는 자신의 고유한 심리구조가 존재한다. 이때 직업적 가면과 자신의 심리의 차이가 크면 클수록 편집성 인격장애를 겪을 가능성이 높다. 편집성 인격장애의 특성 중에 하나는 직계 가족 외에는 가까운 친구나 마음을 털어놓을 수 있는 사람이 없는 것이다. 또한 지속적인 자기 위주의 태도를 보이고 자기 자신의 일이나 세상일에 대해서 아무런 증거도 없이 음모라고 생각하는 것이다.

조현아 전 부사장의 쪽지사과문을 분석했던 내용에서 이야기했듯이 동생인 조 전무의 경우에도 가족구조시스템의 문제로 보인다. 조 전무가 했던 말이나 글을 가지고 분석을 해야 해서 찾아본 가족의 대화내용에는 이런 말이 있었다.

> "광고회사를 만들겠다고 하자 회장님(아버지)께서 마케팅 사관학교라 불리는 피앤지(P&G) 등 큰 회사에서 제대로 배우라고 조언해 주셨다. 책의 주인공도 아버지의 제안대로 공모전을 통해 여행을 떠나게 된다."

이 대화는 여느 아버지라면 딸에게 하고 싶은 이야기이다. 하지만 사람을 형성하는 건 결과가 아니라 과정이다. 광고회사를 만들겠다고 하는 딸에게 큰 회사에서 제대로 배우라고 조언하는 것에는 딸이 밟아야 할 주체적인 단계를 아버지가 대신해 줄 거라는 무의식적 합의가 있는 것이다.

쉽게 이해하기 위해 예를 들면 아이가 신발을 사달라고 하면 부모로서 당장 나가서 가장 좋고 친구들에게 무시당하지 않을 최고의 신발을 사주고 싶은 마음이 들 것이다. 하지만 이때 기다리라고 하고 월급이 들어오거나 돈이 생긴 후에 아이를 데리고 가 사주는 것에도 문제가 있다. 부모 입장에서는 아이에게 원하는 것을 해 줬지만 아이 입장에서는 갖길 원했던 신발이라는 결과가 주어졌을 뿐이기 때문이다.

이런 의사결정 시스템을 경험하는 아이들은 나중에 성장해서도 자기 자식에게도 똑같은 모습으로 해결한다. 아이가 무엇을 원할 때는 같이 방법을 이야기하고 과정을 함께 공유하는 것이 필요하다. 계속해서 신발을 예를 들면 돈이 있어도 바로 사주지 않고 어떤 신발이 마음에 드는지 신발가게를 같이 들러 결정하고 그 신발의 가격을 한 번에 모으는 것이 아니라 달력에 표기하면서 매일 얼마씩 기준을 정해서 모아가는 과정을 경험하게 해야 하는 것이다. 그 과정 속에서 돈의 중요성과 시간의 소중함이 더해져서 결과가 아닌 과정의 중요성을 깨닫게 되는 것이다.

결과가 쉽게 주어지는 가족시스템 속에서 자란 조 전 부사장과 조 전무는 국민들이 가지고 있는 보편화된 가족시스템과 다르다는 점이 반성문에서도 드러난다. 사내 반성문에서도 마지막 발신자 표시에 조현민만 있고 '올림'이 빠져 있다. 또한 조 전 부사장에게 보낸 메시지에서 '반드시 복수하겠다'에서 현 상황을 객관화시키는 이성이 결여

돼 있음을 느낄 수 있다. 31일 트위터에 올린 사과에는 국민들이 듣고 싶어하는 가면 속 '진심'이 빠져 있다.

조 전무가 작가로서 쓴 동화, 『지니의 콩닥콩닥 세계여행』이 시리즈로 출판된다는 기사를 봤다. 언니와 가족대화를 분석하고 국민의 마음을 알기를 바라는 마음에 마지막으로 부탁한다. '조현민 전무 스스로의 내면아이를 탐색하는 여행'을 꼭 해보길 진심으로 부탁한다.

부모가 만드는 나의 모습

2015년 4월 28일(현지시간) 일본 아베 신조 총리는 미국 백악관에서 버락 오바마 대통령과 미·일 정상회담을 한 뒤 가진 공동기자회견에서 '위안부에 대한 사과할 의사가 없느냐'는 "위안부 문제와 관련해선 '인신매매(Human trafficking)' 피해자들이 받은 고통을 생각하면 깊은 고통을 느낀다"면서 "아베 내각은 고노 담화를 지지하며 이를 개정할 의도가 없다"고 말했다. 아베 총리의 일본군 위안부 강제 동원 문제에 대한 사과는 끝내 없었다.

한·미·중 시민단체는 물론 미국 정치권과 주류 언론까지 나서 아베 총리의 역사 직시 및 명확한 사과입장 표명을 요구하는 상황에서도 계속 사과를 거부한 채 책임을 회피하는 것이다. 아베 총리는 이어

"이런 입장(고노 담화 지지) 하에서 일본은 위안부에 대한 현실적 지원을 위해 다양한 노력을 해 왔다"면서 "2014년에 1,200만 달러를 지원했고, 올해 2,000만 달러를 더 지원할 계획"이라고 설명했다.

지원을 하고 안 하고를 떠나 아베는 왜 '사과'를 하지 않을까?

일본 아베 총리와 독일 앙겔라 메르켈(Angela Merkel) 총리는 과거사에 대한 태도에 대해서 늘 비교돼 오고 있다. 2009년 9월 1일에 폴란드 그단스크에서 열린 제2차 세계대전 발발 70주년 기념식에서 무릎을 꿇어 사죄했다. 독일 총리로는 2번째다.

메르켈의 경우 서독에서 태어났고 어린 시절 목사인 아버지 밑에서 자랐다. 어린 시절에는 겁도 많아 소심하고 신중한 편이었다. 7세 때 베를린 장벽에 의해 조부모와 헤어지게 되는 경험을 했다. 신학대학교를 운영하는 부친과 정치적인 토론을 상당히 많이 나누면서 자랐다. 이를 통해 사교적이게 되고 활달한 성격을 가지게 됐다. 할아버지는 폴란드 사람이다. 가족의 환경을 보면 소통하고 통합적인 생각을 가질 수 있는 가정이었고 조부모와 부모의 국가적 장소 이동을 통해 탈지역적인 관점도 물려받았을 것이다. 독일 사람들은 "메르켈 총리는 남을 가르치려고 하지 않아서 좋다. 늘 포용하고 타협하려고 해서 좋다"고 말한다.

반면 아베의 경우 '정치적인 집안'에서 태어났다. 아버지인 아베 신타로는 외무대신을 지냈다. 할아버지인 아베 간은 중의원이었다. 종조부는 61, 62, 63대 총리를 지낸 사토 에이사쿠이다. 고조부는 1894년 경복궁을 점령하고 청일 전쟁의 도화선 역할을 했던 오오시마 요시마사로이다. 외조부는 56, 57대 총리였던 기시 노부스케이다. 이렇게 가족 환경을 보면 전형적인 '합리화(Realization)' 방어기제를 성장환경에서 자연스럽게 습득했을 가능성이 높다.

보통의 경우에는 자신이 하는 거짓말이 허구라는 것을 의식한다. 하지만 아베의 경우에는 '합리화'라는 무의식적인 방어기제를 통해 자신의 발언이 허구라는 것을 의식하지 못하는 상태로 스스로를 밀어 넣고 있을 수 있다. 이렇게 '합리화'라는 도구를 통해서 정치인으로서 또 정치인 집안의 자식으로서 자기를 보호(Self protection)하고 무의식적으로 체면유지를 하기 위한 모습을 가지게 되는 것이다.

정치인들로 둘러싸여진 환경 속에서 스스로가 '양심의 가책'을 받지 않도록 나름대로의 '이론체계'에 맞는 설명을 가지도록 훈련받아 왔을 것이다. 의식을 하면 용납할 수 없는 내용이더라도 무의식적으로 용납할 수 있는 것으로 누르도록 '합리화'를 가지게 된다.

겉으로는 도덕성을 강조하지만 뒤에서는 온갖 비리를 다 저지르는 정치인들이 가진 최고의 무기가 바로 '자기 합리화'이다. 아베 조상들이 우리나라에 대한 방어기제로 만들어 놓은 최고의 결과물이 바로 현재 일본 총리인 '아베 신조'인 것이다.

이런 아베 신조의 태도에 대해 같은 합리화를 가진 정치인들끼리는 참을 수 있고 견딜 수 있는 힘이 있지만 우리 국민들과 전 세계 국민들은 이해도 하지 못하고 그의 사과 없는 발언에 분노할 수밖에 없다.

아베 조상들이 자신의 자손인 아베 신조에게 '거짓정신'을 '사실'인 양 물려준 것처럼 우리 대한민국 국민들도 '진실'을 '사실' 그대로 계속해서 물려줄 것이다. 다른 나라와 축구를 하든 야구를 하든 1점차로 지더라도 최선을 다하면 크게 실망하지는 않는다. 하지만 가르친 적도 없는 어린 아이들조차 일본과의 경기에서 1점 차이로 지고 있으면 '욕'이나 '막말' 하는 모습을 보게 된다. 근데 왠지 욕하고 막말하는데도 시원하다. 그 이유는 아직도 일본의 진심 어린 사과를 한 번도 받아본 적이 없기 때문일 것이다. 위안부 할머니들이 생존해 있는 동안에 진심 어린 사과를 할지는 모르겠지만 그 이후에는 온 국민이 위안부 할머니의 정신을 물려받아 그 수는 몇 백배 몇 천배로 늘어나 '진심 어린 사과'를 외치고 또 외칠 것이다.

고슴도치 딜레마와 가정교육

지난 2015년 5월 13일에 서울 서초구 내곡동 송파·강동 예비군훈련장에서 최 모씨(23)가 영점사격 도중 갑자기 다른 훈련병들에게 총을 조준사격한 뒤 스스로 목숨을 끊는 사건이 발생했다. 최씨 주변에 있던 예비군 2명이 부상을 당했고 3명이 사망했다.

최씨의 전투복 주머니에선 유서가 발견됐다.

최근 들어 총기사고가 빈번히 발생하고 있다. 심리학 용어 중에 고슴도치 딜레마(Porcupine's dilema)라는 것이 있다.

이 용어는 독일 철학자인 쇼펜하우어(Schopenhauer)가 1851년에 6년의 작업 끝에 에세이와 주석들을 모아 『Parega und Paralipomena(부록과 추가)』라는 제목으로 출판된 2권의 책에 나오는 우화 내용에서 비롯됐다.

고슴도치는 몸에 가시를 가지고 있다. 추울 때 서로 가까이 다가가 따뜻하게 온도를 유지하기 위해서 어느 정도의 상처를 입게 된다. 이런 현상을 빗대어 생겨난 말이다. 특히 가족 상담을 할 때 '가족구성원의 관계'에서 이 고슴도치 딜레마를 많이 적용해 설명한다.

사춘기 아이와 매일 싸운다는 어머님들은 자식의 일기장을 봐도 되냐고 늘 물어보신다. 그럴 때마다 늘 고슴도치 딜레마를 들려준다. 아무리 자식이라도 너무 가까이 다가가면 서로를 따뜻하게 보듬어주게 되는 것이 아니라 '부모'라는 이름으로 또 '걱정'이라는 핑계로 자식에게 옳은 소리와 지시, 명령, 부정의 가시로 상처를 줄 수 있다.

가정과 마찬가지로 군대라는 곳도 개인의 상처를 가지고 있는 개개인들이 강제적으로 '가족'처럼 매일 지내고, 일기장보다 더 민감한 개인적인 것을 매일 밤마다 '고참'이나 '상관'에게 검열 받아야 하는 곳이다. 공군을 제대한 필자도 예비군 훈련을 끝내고 민방위로 넘어 온 지 많이 지났지만 군대에서 보냈던 2년 6개월의 기억을 떠 올리면 좋았던 기억보다는 소통되지 않는 불편함의 기억이 많다. 개인적인 것들을 강제로 열어 두어야 하는 건 가끔 자존감과 관련돼 마음을 힘들게 하는 원인이 되곤 한다.

최씨의 유서에 이런 내용이 있다.

"후회감이 밀려오는 게 GOP때 다 죽여 버릴 만큼, 더 죽이고 자살할 걸 기회를 놓친 게 너무 아쉽다. 75발 수류탄 한 정, 총 그런 것들이 과거에 했었으면 후회감이 든다."

이 말은 군대에서 상당한 상처를 받았고 또 그 상처를 회복하지 못한 상태로 이번 예비군 훈련장에서 군복을 입은 다른 예비군에게 총격을 가했다는 걸 보여준다.

하지만 최씨가 군대 안에서만 상처를 받은 것은 아니다. 그 이유는 최씨가 입대 전에 '과다운동성 행실장애'로 3회, 전역 후에는 적응장애로 3회 정신과 진료를 받았기 때문이다. 입대 전에 이미 과다 행동성 행실장애로 진료를 받았다는 것은 가족에게서 받은 상처가 있다는 것을 반증하는 것이다.

유서에 또 이렇게 적혀 있다.

"깨어있는 게 모든 것들이 부정적으로 보인다. 내 자아감, 자존감, 나의 외적인 것들, 내적인 것들 모두 싫고 낮은 느낌이 밀려오고 그렇게 생각한다."

이렇게 스스로를 부정적으로 보는 것은 '자존감'의 문제를 가지고 있음을 드러낸 것이다. 심리학에서는 자신감과 자존감은 구분하고 있다. 지식이 쌓이면서 어느 분야에 대한 잘 알게 되는 것은 '자신감'

이 생기는 것이다. 반대로 지식과는 상관없이 자신 스스로가 얼마나 소중한 사람인지 알게 될 때 '자존감'이 생긴다. 그래서 8살 이전 학교에 들어가기 전까지는 가정에서 '자존감'을 높이고 단단하게 하는 '가정교육'이 중요하다. 그 이후 초등학교에 입학하면서 여러 분야의 지식을 높이면 자존감 위에 자신감이 균형 있게 성장할 수 있다.

초등학교 들어가기도 전에 부모들이 자식에게 '자존감'이 아닌 지식을 주려고 노력하다 보면 다른 집 아이들과 '비교'하게 된다. 자식과 다른 집의 자식을 비교하는 마음에는 '지시', '명령', '부정'의 말을 하게 돼있다.

"공부해라!"

"남들 공부하는 거 봐라!"

"이게 성적이냐?"

"넌 누굴 닮아서 이러냐?"

부모로부터 '사랑'을 충분히 받고 '인정'을 받으면서 성장하는 '자존감'이 없이는 '지식'도 거품일 수밖에 없다. 그 지식을 가지고 남을 해치거나 부정직하게 사용하는 데 이용만 할 뿐이기 때문이다.

국방부는 분단국가로서 나라를 지키기 위해 군의 군사력과 사기를 높이는 노력으로 강한 훈련을 하는 것은 옳은 일이다. 누가 뭐래도 나라가 강해야 하는 것은 맞다. 하지만 국방의 힘은 군인 한 명 한 명이 건강할 때 생기는 것이다. 외부만 강한 것이 아니라 내부의 구성원이 얼마나 건강한지 늘 신경 쓰고 확인해야 한다. 국가는 강한 부국이기도 하지만 국민을 보살펴줘야 하는 모국이기도 하기 때문이다.

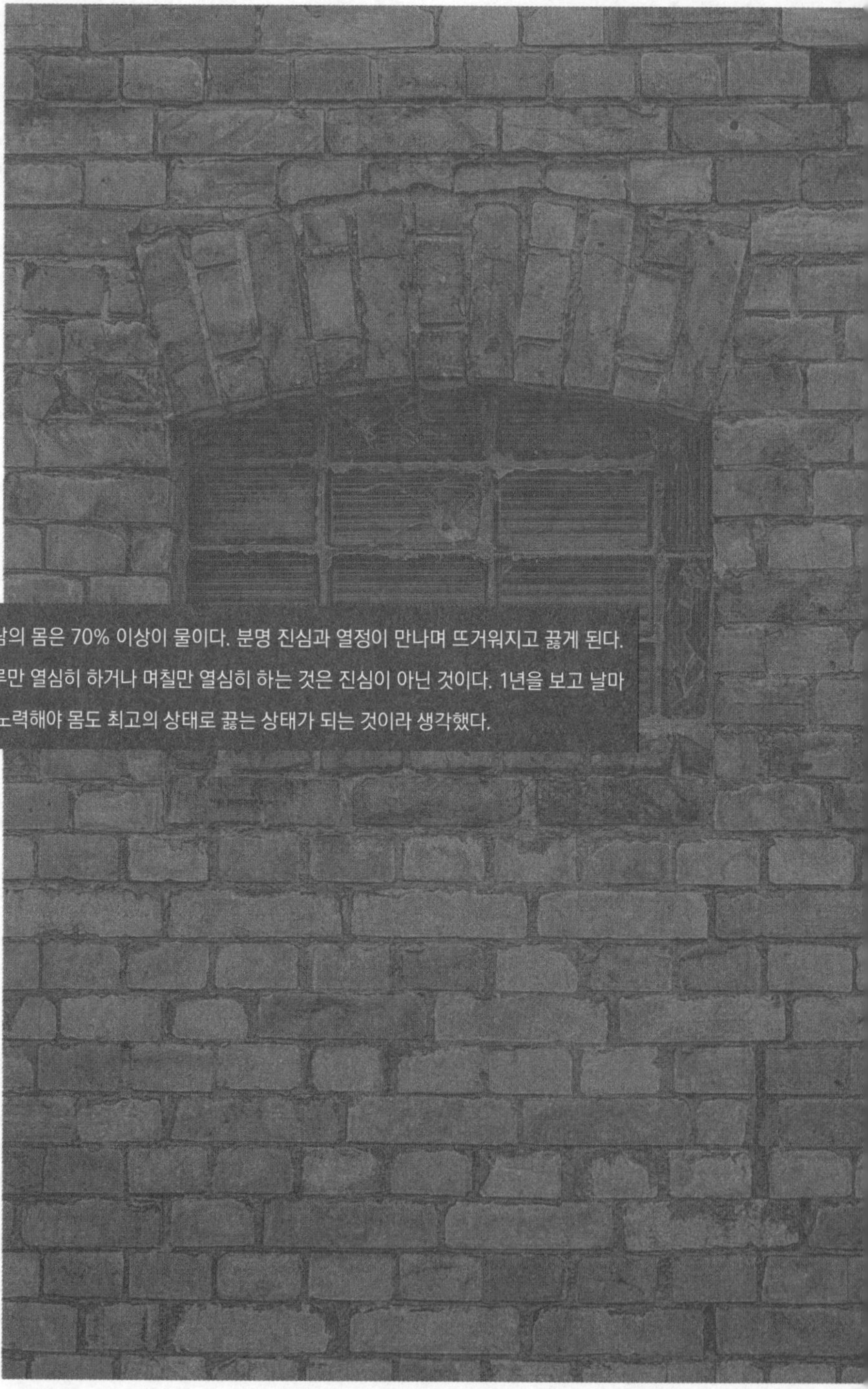

사람의 몸은 70% 이상이 물이다. 분명 진심과 열정이 만나며 뜨거워지고 끓게 된다. 하루만 열심히 하거나 며칠만 열심히 하는 것은 진심이 아닌 것이다. 1년을 보고 날마다 노력해야 몸도 최고의 상태로 끓는 상태가 되는 것이라 생각했다.

4부

스포츠 심리학

1도의 차이를 아는 리더

'마리한화' 만드는 김성근, 1도의 차이를 아는 리더

"사람은 버리는 게 아니다."

300명이 넘는 꽃다운 고교생을 가라앉는 배 안에 방치한 채 빠져나온 세월호 선장 이준석(70)을 향한 쓴소리가 아니다. 바로 프로야구 한화이글스 김성근 감독이 한 말이다.

요즘 한화를 두고 '마리한화'라고 부른다. 그만큼 '야신(野神)' 김성근 감독의 야구가 팬들로 하여금 '마약'만큼 강한 중독성을 가져다주고 있다는 우스개 표현이다. 학연, 지연은 전혀 통하지 않고 오직 '야구'만 통하는 그의 방식은 야구를 좋아하고 사랑하는 많은 팬들의 차갑게 식어 있던 가슴을 뜨겁게 하고 있다.

김 감독은 어려서 일본에서 자랐다. 그래서 그는 지금도 말할 때 일본식 말투를 사용한다. 과거 중계 해설을 할 때 방망이인 '배트'를 자꾸 '배또', 안타인 '히트'를 '히또'라고 해서 시청자들에게 웃음을 주기도 했다. 하지만 그는 심장은 한국산인 '야신'이었다. 대한민국의 심장을 가졌기에 일본에서는 차별을 받았고, 일본의 말투를 가졌다는 이유만으로 모국에서는 멸시받은 인간 김성근은 사람을 절대 버리는 법이 없게 됐다.

"끝까지 선수를 포기하지 않고 살리는 것, 그게 리더다."

김 감독은 일찍 아버지를 여의고 7남매인 가족을 먹여 살리면서 이른 나이에 리더가 됐다. 배트는 나무로 직접 만들어 연습했기 때문에 누군가 만들어 놓은 결과에 절대 만족하지 않고 자신의 손으로 만드는 팀의 결과만 인정하는 리더의 습성을 가지게 됐을 것이다. 차가울 것 같은 김 감독에게 선수들은 가족이자 배트이기 때문에 절대 포기하는 일이 없다. 그는 진정한 '리더'이기 때문이다.

"하루 종일 내가 사랑하는 야구와 선수 한 명 한 명에 대해 깊이 생각하는 일은 내 인생의 가장 큰 기쁨이다."

20세 때 국가대표로 활약한 그는 노히트 노런을 기록한 적도 있다.

1964년에는 한 시즌 20승을 이뤘다. 그렇기 때문에 누구보다 '최고의 상태'를 잘 안다. 또한 9경기 연속 완투를 하며 어깨 부상을 당하고 타자로 전향을 했기 때문에 누구보다 '최악의 상태'도 잘 알고 있다. 최고의 상태와 최악의 심리를 모두 겪은 김 감독이기에 차가운 가슴과 뜨거운 가슴을 조율할 줄 아는 리더이다.

심리학에서는 사랑하는 것과 좋아하는 것을 구별한다. 나를 통해 그 대상이 행복해지길 원하는 것은 '사랑'이다. 반대로 그 대상을 통해서 내가 행복해지길 원하는 것은 '좋아하는 것'이다.

김 감독은 젊어서는 선수로서 '야구'를 통해 자신이 행복해지길 원했을 것이다. 그 때는 야구를 좋아했을 것이다. 하지만 감독으로서 김 감독 자신은 야구를 통해 선수들과 팬들 모두가 행복해지길 원하는 '사랑'을 보여주고 있다. 사랑하는 야구와 그 야구를 즐기는 자신의 선수들은 그의 모든 것이기 때문에 버릴 수가 없고 또 야구와 선수 한 명 한 명을 생각하는 것이 인생에서 가장 큰 기쁨이 되는 것은 당연한 것이 됐다.

"진심으로 사람을 대하는 사람. 진심이 결국 이긴다. 늦게 올 때도 있지만, 진심이 결국 사람을 감동시키고 세상을 바꾼다고 믿는다."

물이 99도에서는 끓지 않는다. 하지만 거기서 1도만 올라가면 물은 끓는다. 1도의 차이가 상당히 큰 것을 알 수 있다. 선수로 치면 1도의 차이 때문에 최고의 몸 상태가 나오기도 하고 2군으로 떨어지기도 한다.

김 감독은 그 1도를 '진심'에서 찾는다. "날마다 고된 훈련을 하는 이유는 오늘 하루가 아니라 1년을 내다보기 때문이다"라고 했다. 사람의 몸은 70% 이상이 물이다. 분명 진심과 열정이 만나면 뜨거워지고 끓게 된다. 하루만 열심히 하거나 며칠만 열심히 하는 것은 진심이 아닌 것이다. 1년을 보고 날마다 노력해야 몸도 최고의 상태로 끓는 상태가 되는 것이라 생각했다.

> "야구는 끝날 때까지 끝난 게 아니다. 인생도 마찬가지다. 한순간도 포기하지 않으면 끝끝내 이긴다는 것. 내가 증명할 수 있는 건 그것뿐이다."

끓는 물보다 더 뜨겁고 폭발적인 것이 바로 용암이다. 용암의 온도는 최소 700도를 넘는다. 용암은 주변의 것을 모두 녹여버린다. 그 자체가 '뜨거움'인 것이다.

김 감독이 이끄는 한화는 뜨거움 그 자체이다. 절대 끝날 때까지 끝난 게 아니라는 것을 증명하고 있다. 이를 지켜보는 팬들을 전부 녹여버려 같이 뜨겁게 만드는 것이다.

심리학 용어 중에 '베졸드 효과(Bezold effect)'라는 것이 있다. 회색 배경위에 검정의 문양을 그리면 회색 배경은 실제보다 더 검게 보이는 효과를 말한다.

지금 한화를 '마리한화'라고 부르고 한화에 매료돼가는 팬들은 오랜지색 유니폼에서 열정을 나타내는 붉은 용암의 느낌을 받는 것과 같은 심리다.

"리더는 늘 앞서가야 한다. 선구자가 되어 아무도 가지 않은 길을 먼저 가지 않으면 길이 나지 않는다. 선수들을 이끌 수가 없다."

그가 진정한 리더라는 것은 그의 '리더 의식'에서 잘 묻어난다. 늘 앞서가야 한다는 말은 선수보다 더 노력하고 더 많이 생각하고 더 많이 땀 흘려야 '리더' 자체를 '길'로 인식한다는 것을 의미한다. 그가 야구로 통하는 '길'이라는 것을 그의 마지막 말로 대신한다.

"주위가 흔들려도 나는 내 올바른 진심 하나면 된다고 봤다. 오로지 선수만 생각했고 팀만 생각했다. 야구만 생각했고 승리만 생각했다. 그렇지 않았다면 여기까지 올 수 없었을 거다."

1도의 차이를 아는 리더!

피그말리온효과와 큰 바위 얼굴

"어느 순간부터 현실의 벽을 느끼기 시작했다. 한편으로는 아버지가 밉기도 했다. 축구를 너무 잘하는 아버지를 둬서 아무리 열심히 해도 근처에 못 가니 여러 기분이 들었다."

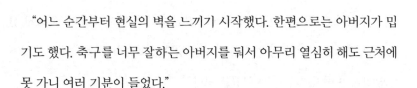

차두리 선수가 눈물을 흘리며 말한 내용은 진심이었다. 국민들은 공감했다. 아버지의 존재가 너무 커서 얼마나 힘들어했을지, 그래서 은퇴를 결정한 것도 모두 이해가 될 정도였다. 하지만 차범근의 아들로 견뎌야 했던 차두리 선수는 국가대표 은퇴를 축하해주기 위해 꽃을 들고 걸어오는 아버지를 보고 눈시울이 붉어졌다. 그리곤 아버지를 안고 소리 없이 흐느껴 울었다. 이 순간 차범근의 아들이 차두리의 아버지를 실력과 인격 모든 것을 얼마나 닮았는지 증명했다.

> "내가 가장 존경하고 사랑하고 롤모델로 삼았던 사람이 아버지다. 내가 세상을 살면서 받을 수 있는 가장 큰 선물인 것 같다", "아버지는 모든 것을 갖추신 분이다. 축구적으로 이 사람처럼 되고 싶다고 생각했던 선수였다. 집에 돌아가면 그런 아버지와 모든 것을 함께 할 수 있다는 것이 나에게는 행운이다."

나다니엘 호손이 쓴 '큰 바위 얼굴'에서 주인공 어네스트는 집 앞에 절벽을 깎아 만든 것 같은 '큰 바위 얼굴'을 보며 '언젠가는 저 큰 바위 얼굴을 닮은 위대한 사람이 나타나게 될 것'이라는 마을의 전설처럼 내려오는 이야기를 어머니에게 듣고 유년기와 청년기 그리고 성인이 된다. 유명한 부자, 장군, 정치인 모두를 만났지만 끝끝내 '큰 바위 얼굴'은 보지 못했다. 이야기하고 있는 어네스트를 보고 마을 사람들이 '저 사람이 큰 바위 얼굴'이라고 외친다.

차두리는 아버지처럼 되고 싶었다. 그리고 팬들은 그를 레전드라 불렀다.

심리학 용어 중에 '피그말리온효과(Pygmalion effect)'라고 있다. 교사의 기대에 따라 학습자의 성적이 향상되는 것을 말한다. 피그말리온은 그리스 신화 속에서 피그말리온 자신이 조각한 여성상을 진심으로 사랑하게 되고, 이를 본 미의 여신이 그의 소원을 들어주어 인간으로 만드는 것에서 파생된 개념이다.

1964년에 로버트 로젠탈과 포드는 학생들에게 쥐를 통한 미로 찾기 실험을 시켰다. 미로를 잘 빠져나오는 A그룹과 그렇지 못한 B그룹의 결과가 나왔다. 그 이유는 바로 A그룹은 대학생들이 정성을 다해 키운 반면, B그룹은 소홀히 대했기 때문이다. 대학생들이 쥐에게 거는 기대가 어느 정도 인지에 따라 결과가 달라진 것이다. 이 실험은 실제 수업을 진행하는 담임선생님과 학생에게도 동일한 결과를 가지고 왔다.

국민들은 차두리에게 '피그말리온효과'를 보고 싶어 했다. 축구팬들의 기대에 따라 실력이 향상돼 궁극적으로 또 한 명의 차범근이 나오길 바란 것이다. 차두리 스스로도 그걸 원했을 것이다. 하지만 차두리는 어느덧 자신도 모르는 사이 '큰 바위 얼굴'이 돼 있었던 것이다.

피그말리온효과

최적 각성 수준

Optimal Level of Arousal

한국 프로야구 국가대표 유격수 강정호(28)가 메이저리그 피츠버그 파이어리츠에 입단하게 되면서 이제 팬들의 관심은 류현진(28·LA다저스)의 맞대결에 쏠리게 됐다. 87년생 동갑인 이들의 국내 전적은 류현진의 판정승이라고 볼 수 있다. 강정호는 류현진을 상대로 타율 0.176(34타수6안타)를 기록했다.

그럼 메이저리그에서는 어떨까. 심리학이라는 스포츠에선 다소 '엉뚱할 수 있는' 관점에서 둘의 맞대결을 분석해 보겠다.

심리학에는 '최적 각성 수준(Optimal Level of Arousal)'이라는 것이 있다. 이 이론은 요키스(Yerkes)와 도슨(Dodson)의 연구(1908)에서 발전됐다. 경기장에서 야구팬들이 지켜보고 있을 때 야구를 잘하는 선수가 있고 반대로 부담스러움을 느껴서 실력발휘가 되지 않는 선수도 있다. 이것은 '각성 수준(Arousal level)'이 다르기 때문이다. 쉽게 말하면 각성 수준은 긴장감이라고 할 수 있다.

사람은 보통 각성 수준을 때와 장소에 맞게 적절하게 유지하려는 성향이 있다. 즉, 긴장감이 높아지면 산이나 바다를 보며 낮추려 한다. 반대로 긴장감이 너무 없으면 놀이기구를 타거나 경기를 보면서 긴장감을 높이려고 한다. 긴장감이 낮은 것은 각성 수준이 낮은 것이다. 이때 도서관이나 시험장에서는 주위에 글씨 쓰는 소리까지도 들리게 된다. 각성 수준이 낮다는 것은 집중력이 떨어진 것을 말한다. 그렇기 때문에 주변의 소리가 들리는 것이다. 반대로 경기장이나 콘서트장에서는 주위의 큰 소리가 들리지 않을 때가 있다. 이때는 반대로 긴장감이 너무 높아서 각성 수준을 낮춰서 정상을 유지하려는 자연스러운 현상이다.

강정호와 류현진의 경우 타고난 기질이 각성 수준이 높은지 아니면 낮은지에 따라 맞대결의 결과가 달라진다. 그리고 훈련에 따라 그 결과는 변하게 될 것이다. 경기를 보면 둘 다 각성 수준이 상당히 낮은 것을 알 수가 있다. 쉽게 긴장하거나 흥분하지 않는 기질이다. 그렇기 때문에 둘의 몸은 경기장의 팬들의 함성에 흔들리는 경우가 거의 없다. 하지만 1회에서 9회까지 어떤 흐름이냐에 따라 타고난 둘의 낮은 각성 수준도 변하게 된다.

류현진은 메이저리그에 진출 후 1회에 점수를 내주는 경우가 많았는데 이는 긴장을 하고 적당한 흥분이 필요한 1회에 타고난 낮은 각성 수준 때문에 몸이 반응하지 않은 것도 일정 부분 작용했을 것이라고 생각한다.

후반으로 가면서 강해지는 류현진은 2012년 10월 4일 강정호에게 7회에 홈런을 맞은 적이 있다. 각성 수준이 충분히 높았을 7회에 홈런을 맞은 이유는 바로 이때가 메이저리그 진출을 눈앞에 둔 시점이었다는 것과 전혀 무관치는 않을 것이다.

류현진과 강정호는 둘 다 무서울 정도로 각성 수준이 낮다. 좀처럼 긴장하거나 흥분하지 않는다. 그만큼 멘탈은 타고났다. 따라서 맞대결의 승부는 둘 중에 어느 한 명이라도 욕심이나 스스로에게 자만심을 가지게 하는 부분이 생기는 순간에 결정될 것이다.

17일 미국 애리조나주 서프라이즈의 넥센 히어로즈 스프링캠프 현장에서 류현진이 강정호를 만났었다. 둘은 저녁에 밥을 먹기로 선약했었다. 하지만 류현진은 오전에 개인 훈련을 마치고 일찍 도착해서 강정호에게 달려가 빨리 끝내라고 핀잔을 주었지만 강정호는 신경도 쓰지 않고 훈련을 끝까지 마쳤다고 한다. 그 때문에 류현진은 3시간을 기다렸다. 이때는 아마도 강정호의 각성 수준이 높은 상태였을 것이다.

현지 팬들이나 구단 관계자들은 더 이상 류현진에 대한 의구심은 없다. 반대로 강정호에 대해서는 가지고 있다. 류현진은 우리 국민의 변함없는 응원을 발판 삼아 낮아진 각성 수준을 높이고 강정호는 빅리그 데뷔로 높아진 각성 수준을 한국 최고의 유격수라는 자신감으로 낮추는 것이 과제이다. 그러면 팬들에게 남은 건 코리안 메이저리거가 펼치는 최고의 맞대결이다.

집단 극화 현상

'금지약물 파동'에 휘말린 한국 수영의 간판 박태환(26)이 2015년 3월 23일(한국시간) 국제수영연맹(FINA)으로부터 18개월 자격정지 조치를 받았다. 우려했던 2년 자격정지가 아니어서 내년 8월 열리는 브라질 리우데자네이루 올림픽 전에 징계가 풀리지만, 대한체육회의 국가대표 선발 규정이라는 걸림돌에 부딪혔다.

이 같은 소식을 전한 기사들의 댓글을 보니 박태환에 대한 여론이 호의적이지만은 않은 것 같다. 체육회의 해당 규정이 '이중 징계' 논란까지 나오는 터라 대중은 한국 수영의 '영웅' 박태환을 위해 규정을 바꿔야 한다고 체육회를 비난할 것 같았지만, 박태환의 올림픽 길을 열어줘야 한다는 댓글 못지않게 부정적인 반응도 줄을 잇고 있기 때문이다. 즉, 제 아무리 박태환이라도, 박태환이 올림픽을 못 나가는 건 아쉬워도 박태환 때문에 규정을 바꾼다는 건 형평성에 어긋난다는 것이다.

심리학 용어 중에 '집단 극화(group polarization)' 현상이라는 것이 있다.

혼자서 내리는 결과와 반응이 집단을 이룬 뒤에 원래 결과와 반응보다 더 극단적으로 이뤄지는 것을 말한다. 한 명씩 반응을 물어본 것과 집단을 이뤄서 토론을 한 후에 반응을 보면 개인적인 의견이 집단에서는 더욱 극단적인 모습으로 나타나게 된다. 이때 두 가지로 극명하게 결과가 나눠진다. 한 쪽은 더 보수적인 반응이 나오고, 다른 한 쪽은 모험적인 반응이 나온다. 이것을 보수 이행(conservative shift)과 모험 이행(risky shift)라고 말한다.

1961년 심리학자 스토너(Stoner)는 자신의 석사 논문에서 '선택 이행(choice shift)'이라는 현상을 최초로 밝혔다. 여기서는 집단 토의 후의 결정과 개인의 반응을 비교했을 때 집단이 훨씬 위험한 쪽으로 나타났다. 이런 증명은 개인이 가지고 있는 생각을 집단의 구성원들이 선호하는 결정의 방향으로 맞추고 또 다른 이들의 주장을 자신이 생각하는 주장에 뒷받침 하는 증거로 가져와 더욱 극단적으로 이끌게 된다. 박태환 기사나 다른 이슈에서도 두 갈래로 나뉘어 극단적인 댓글과 반응을 보이는 것은 바로 이런 집단 극화 현상을 잘 보여주는 것이다.

심리학 용어에 '레밍효과(lemming effect)'라는 것도 있다.

이 효과는 아무 생각없이 남이 주장하는 것을 따라가고 동조하는 현상을 말하는 것이다. 쉽게 말하면 '쏠림 현상(tipping effect)'이라고도 한다. 레밍(Lemming)이라는 말은 실제 노르웨이 지역에 서식하는 들쥐의 이름이다. 이 들쥐들의 특성은 떼를 지어서 들판을 달리다가 절벽에 도달해서 제일 앞에 있던 들쥐가 뛰어내리면 나머지 뒤에 있는 들쥐들도 따라서 집단 자살을 한다.

박태환은 국민에게 희망을 준 영웅임에 틀림없다. 하지만 이번 '금지약물 파동'과 불미스런 사건을 두고 팬들은 많이 좋아했기에 실망도 더 큰 쪽과 많이 좋아했기에 그래도 박태환을 응원해주고 싶은 두 갈래로 나눠지게 된다. 이후 (같은 생각을 가진) 다른 이들의 댓글을 자신의 생각에 대한 뒷받침으로 삼아서 더욱 극과 극의 반응이 쏟아지는 것이다.

레밍효과

부정적 귀인, 긍정적 귀인

프로 스포츠엔 언제나 '핫 키워드'가 존재한다. 예를 들어 요즘 프로야구의 핫 키워드는 '김성근' 감독과 김 감독이 지휘봉을 잡고 있는 '한화 이글스'일 것이다. 그럼 축구는? 단연 '손흥민'이다.

손흥민은 2015년 3월 9일(한국시간) 독일 파더보른의 벤텔러 아레나에서 열린 파더보른과의 2014~2015 분데스리가 24라운드 원정경기에서 2골을 몰아쳤다. 이로서 손흥민은 독일에서 '차붐'으로 명성을 떨쳤던 차범근 전 수원 삼성 감독의 한 시즌 최다골(19골)에 3골 차로 다가섰다.

손흥민은 33경기에서 16골을 넣었다. 2경기마다 1차례 상대편 골망

을 흔든 것이다. 하지만 이면을 들여다보면 손흥민은 '몰아치기의 달인'이다. 한 차례 해트트릭 경기를 포함, 세 차례 멀티골(2골)을 기록하며 4경기에서 9골을 넣었다.

심리학적 분석에는 3요소가 있다.

첫째는 유전적 요소다.

둘째는 환경적 요소다.

셋째는 인지적 요소다.

첫째, 유전적 요소는 부모와 조부모가 어떤 사람인지에 따라 자식이 결정되는 핵심이다. 의학에서는 가족 병력(family medical history)을 조사한다. 유전성 질환은 특정 유전자가 자식 대에 전달돼 발생하는 병이다. 할아버지가 심장마비로 돌아가셨고 아버지가 협심증으로 돌아가셨다. 그러면 자식은 가족력으로 심장에 관련된 질병을 가질 수가 있다. 이처럼 가족력은 유전적 요소다.

손흥민의 유전적 탁월함을 알기 위해서는 아버지를 보면 된다. 그의 아버지는 전 축구 국가대표였다. 차두리의 유전적 탁월함이 아버지 차범근에게서 온 것과 같은 것이다. 피나는 노력을 한다 해도 대개 타고난 신체적 조건이 뒷받침돼야 성공할 수 있는 것이 운동이다. 부모로부터 받은 유전적 요소가 탁월하다면 반은 앞서 나간 것이다.

둘째, 환경적 요소는 시간과 장소의 영향을 말한다. 손흥민은 7세 때부터 매일 2시간 30분을 볼 리프팅(공을 떨어뜨리지 않고 다루는 것)과 같은 기본기를 연습했다고 한다. 손흥민은 왼발 슛으로 골맛을 많이 보는 선수다. 왼발 슛 기회를 얻기 위해 양발사용 훈련을 지속적으로 받았다. 슈팅 연습도 좌측에서 250번씩 우측에서 250번씩 하루에 총 500번을 연습해 왔다. 이런 환경이 그의 몸에 새겨져서 슈팅에 최적화된 상태를 만들 수 있었다.

셋째, 인지적 요소는 이해하고 있는 방향을 말한다. 상담을 하다보면 부모로부터 어떤 말을 지속적으로 듣고 자랐느냐에 따라 말의 의미가 깨져 있는 경우가 많은 것을 볼 수 있다. 심리학에서는 왜곡된 인지를 부정적 귀인(Negative Attribution)이라고 말한다. 다른 이들의 행동의 결과를 보고 자신이 겪었던 부정적인 기억을 꺼내 원인으로 대입하는 것을 말한다.

손흥민은 긍정적 귀인(Positive Atrribution)을 가지고 있다. 운동선수에게 최악의 왜곡된 인지는 '나태함'이다. "이 정도 하면 된 거잖아!", "지난번에 이겼으니 이번에도 이길 거야!" 이런 말들이 새겨지는 순간 부정적 귀인이 몸에 자리하게 된다. 그 결과 슬럼프가 오고 성공과는 거리가 멀어진다. 손흥민의 아버지는 아들에게 이렇게 주입시켰다. "성적에 따른 스트레스보다는 최대한 축구의 즐거움을 깨우쳐라!", "승패를 떠나 기본기를 충실히 해라!"

이렇게 3가지 요소를 통해 손흥민의 몰아치는 집중력의 원인을 파악할 수 있다. 몸과 마음 그리고 생각 이 모두가 하나로 움직이는 그는 스스로를 조절할 수 있다.

태극마크를 단 아들에게 아버지 손웅정 씨는 이렇게 말했다.

> "태극마크를 달면 전부냐, 내가 보기엔 넌 아직 한참 멀었다. 건방 떨지 말고 새로 시작해라."

손흥민의 몰아치기는 눈에는 안 보이지만 아버지 손웅정 씨가 그라운드에서 함께 뛰고 있기 때문이다.

감정과 감성의 차이

스포츠 분야에서 실시간 검색 1위에 오른 프로배구 김세진 감독의 발언을 기사를 통해 보았다. 아니나 다를까 (선수를 소중히 여기는) 진심이 담겨 있는 말이지만 전달의 미숙함으로 인해 오해를 낳는 모습이다. 김 감독에게 도움이 되고자 '성향분석'을 써 본다.

"내 욕심 차리자고 내 새끼를 버리지 않을 것"

"판이 장난도 아니고, 그럴거면 규정이 왜 필요한지 모르겠다"

"시즌이 반이나 지났다. 그런데 이제 와서 트레이드 임대 계약이 이루어진다는 것은 말이 안 된다"

"옳다 그르다의 문제라기보다는 현명하지 않다는 것이 내 생각"

한국전력과 현대캐피탈의 임대 트레이드에 대해 OK저축은행 김 감독이 자신의 생각을 말한 것이 논란의 중심에 서게 됐다.

김 감독의 말은 이해도 되고 진심도 느껴진다. 하지만 말이란 건 분위기가 있고 향기도 묻어나고 또 그 사람의 성격이 드러나게 된다. 그런 점에서 김 감독의 말에 대한 이해와 진심이 문제가 아니라 태도와 적절성이 듣는 사람에게 있어서 거부감을 줄 수 있기에 문제시 되는 것이다.

우선 심리학에서는 감정과 감성을 구분해서 이해한다.

감정은 1차적 느낌이고 감성은 2차적 느낌이다. 쉽게 말하면 꽃을 보고 '아름답다'라고 하면 1차적 느낌인 '감정'인 것이다. 하지만 '이 꽃을 누구에게 선물로 주고싶다'라고 하면 꽃이 아니라 '선물'이 됐고 '사랑'이 됐다. 이런 2차적 느낌을 '감성'이라고 한다. 더 쉽게 말하면 감정은 '직접적인 감정표현'이고 '감성'은 '간접적인 감정표현'인 것이다.

남자와 여자를 구별하는 것에도 이런 구분이 사용된다. 남자는 감정을, 여자는 감성을 잘 사용한다. 물론 개개인의 특성은 다르긴 하지만.

그러나 대부분이 이렇게 남자와 여자는 감정과 감성으로 나눌 수가 있다. 고속도로에서 화장실에 가고 싶은 아내는 남편에게 직접적으로 '화장실'이라는 단어를 사용하지 않는다. 간접적으로 남편에게 "목 안말라? 휴게소 들어갈까?"처럼 돌려서 감성적으로 표현한다. 이

때 남자는 "목 안마른데?"라고 말하며 휴게소를 지나쳐 버린다. 이후 아내의 풀리지 않는 감정에 남편은 오히려 이해가 안 된다고 힘들어 하게 된다.

남자는 '감정적인 존재'이다. 이 남자들 중에서도 남자다운 스포츠 인들은 더더욱 그렇다. 김 감독이나 다른 감독들도 전부 선수 출신인 남자 중의 상남자들이다. 돌려서 말하거나 좀 더 부드럽게 말하는 것 자체를 어색하게 생각하는 사람들이다. 그러다 보니 스포츠계에서는 어렵게 쌓아 올린 관계가 말 한마디에 깨지고 팬들에게 상처를 주는 경우가 많다. 이번 김 감독의 논란이 된 말에서도 '내 새끼'와 '버린다'라는 표현은 감정적인 표현 중에서도 최고 수준이다. 김 감독 스스로에게는 최고의 진심이지만 이 말을 듣는 사람에게는 상처가 될 수 있다.

승부의 세계 속에서 늘 긴장의 연속이다 보니 감성으로 소통하는 것은 시간낭비라고 생각할 수도 있다. 하지만 승부보다 중요한 것은 관계이다. 그리고 팬과 가족이다. 자신들을 보러와 주고 응원해주는 팬과 가족에게 자신의 마음과 진심을 더 잘 전달할 수 있는 방법을 배워야 하는 것은 배구 기술하나 더 배우는 것보다 중요하다.

도파민과 감정 조절

프로농구 KCC 하승진 선수가 논란이 되고 있다. 2015년 1월 1일 경기 중 코 부상을 당한 하승진은 경기장을 나가던 중 자신을 향해 "아픈 척 하지 말라"고 비꼬는 '말'을 한 여성 관중에게 돌진하려던 모습이 그대로 중계 카메라에 잡혔다.

이런 모습에 대해 팬들은 선수에게는 프로답지 못하다고, 팬에게는 말이 너무 심한 것 아니냐고 비난한다. 한 네티즌은 "제2의 갑질을 하는 조현아 같다"는 댓글을 달기도 했다. 이런 반응은 제3자로서 객관적인 입장에서는 틀린 이야기가 아니다. 하지만 스포츠와 승부라는 '심리'를 알고 나면 약속된 결과일 뿐이라는 것을 알게 된다.

스포츠는 '감정을 조절하는 약속'이다.

누구에게나 경쟁심은 있다. 경쟁심은 이기고자 하는 마음을 가지는 것이다. 이것은 선수뿐만 아니라 응원하는 팬들도 마찬가지다. 2002년 월드컵에서 선수들은 태극마크를 가슴에 달고 운동장에 나서 몸 안에 최고 수준의 경쟁심을 채운다. 시청자들과 관중들도 유니폼과 이름을 보면서 우리 편과 적으로 나눠서 이성은 죽이고 감정적인 동물의 상태로 돌아간다.

선수들의 거침없는 플레이와 몸싸움은 마치 사자들의 싸움과 같은 모습을 연상케 한다. 그리고 이런 모습을 지켜보는 관중은 싸움의 구경꾼이 된다. 이때 좋아하는 대상이 자신의 앞에서 땀 냄새를 진동시키며 움직이는 모습을 보는 관중의 몸에서는 마치 화학공장처럼 신경 전달 물질인 도파민이 분비된다. 도파민은 일종의 환각물질이다. 실제로 도파민이 과잉 방출되면 환각, 환청, 편집증 증상도 보인다. 즉, 정상적인 상태에서 벗어나는 것이다.

스포츠를 '감정을 조절하는 약속'이라고 한 이유가 바로 여기에 있다. 스포츠 경기가 시작되면 서로 정상이 아니게 될수 있는 상태에서 규칙을 지키고 스포츠맨십을 발휘해 서로 감정을 조절하자고 하는 것이다. 그러나 경쟁심이 고조되면 될수록 그 조절 능력을 잃어버릴 수 있는 것은 선수나 관중이나 마찬가지이다.

대한항공 조현아(구속) 전 부사장의 '땅콩회항 사건'도 비슷하지만 기준은 다르다. 전제 조건이 경쟁심이 아니라 '이성'이다. 이성적 상황에서 조 전 부사장은 자신의 '감정'을 채워서 '비행기 속에서 스포츠 경기'를 하려고 한 것이나 마찬가지이다. 그래서 관중인 국민들은 비난하는 것이다. 동생 조현민 전무의 '반드시 복수하겠어'라는 문자메시지도(본인은 이후 "후회했다"고 해명) 국민과 박 사무장 등을 이겨야 하는 상대로 보고 도파민이 과다 분비돼 정상적 범위를 벗어난 행동이 나온 것이다. 객관적이고 이성적이어야 하는 상황에서 주관적이고 비이성적인 모습을 보이는 이 자매에게 비난의 화살이 돌아가는 것은 당연한 결과다.

프로급이든 아마추어급이든 '이성을 잃은 갑질'에 대한 대가는 비난뿐이다.

생각운동의 효과

2015년 1월 22일 호주 멜버른 렉탱귤러스타디움에서 열린 2015 아시안컵 8강전 우즈베키스탄(우즈벡)과의 경기에서 '차미네이터' 차두리는 쐐기골을 어시스트하며 우리 대표팀의 2대0 승리에 일조했다. 이날 경기에서 차두리는 벤치 멤버였다. 후반 25분에 김창수 대신 교체 출전했다.

2014년 브라질 월드컵 대표팀에 발탁되지 못해 당시 SBS에서 해설위원으로도 나섰던 것에 대해 배성재 아나운서가 "저런 선수가 왜 해설을 했는지 모르겠다"고 말할 정도로 환상적인 돌파와 어시스트였다.

차두리는 하프라인 이전부터 치고 70미터를 내달렸다. 우즈벡 선수들은 차두리를 따라잡지 못했다. 골대 근처에서 손흥민에게 완벽한 패스를 내줬다.

어떻게 35세의, 은퇴를 선언했던 벤치 멤버 차두리가 이렇게 놀랄 만한 질주를 할 수 있었을까. 심리학자인 개인적 관점에선 그 성공의 비결 중 하나로 '생각운동'을 꼽고 싶다. 야구, 축구, 농구, 배구 등 단체 구기 스포츠에는 벤치 멤버(농구는 식스맨이라고 표현)가 있다. 이들은 '생각운동'을 통해 정신적으로, 신체적으로 많은 효과를 볼 수 있다.

국제학술지 신경생리학 저널에 '생각운동'만으로 강한 근육을 만들 수 있다는 논문이 발표된 적이 있다.

미국 오하이오 주립대 연구팀은 29명을 A그룹과 B그룹으로 나눠서 연구했다. 모두 팔에 깁스를 했다. A그룹은 매일 약 11분, 매주 5일, 한 달 동안 생각으로 근육 운동을 시켰다. B그룹은 아무 것도 시키지 않았다. 결과적으로 A그룹은 두 배 강하게 됐다. 뇌에서 기억, 집중, 사고, 언어, 각성 및 의식 등의 중요기능을 담당하는 대뇌 피질과 근육 움직임의 관계를 증명한 것이다.

주전으로 시합에 출전하면 좋겠지만 그렇지 못하는 벤치 멤버들에게는 '상상운동'을 통해 차두리처럼 주전 이상의 능력을 발휘할 수도 있을 것이다. 시합에 뛰지 못하면 실전감각은 떨어질 수 있겠지만 감독이 경기를 바라보는 '조감도(Bird's eye)'의 넓은 시각을 벤치 멤버도 가질 수 있다.

차두리는 "공격에 도움이 되란 감독님의 주문이 있었다. 나는 후반에 투입되어 체력이 남은 상태였다. 반면 상대는 힘들어하는 것이 보였다. 그래서 이를 이용해 돌파를 시도했다"고 말했다.

이 발언을 통해 두 가지의 심리적 분석을 해 볼 수 있다.

첫째는 '감독님의 주문'을 머리에 새기고 경기를 할 수 있는 '여유'가 생겼다는 것이다.

둘째는 '상대는 힘들어하는 것이 보였다'에서 브라질 월드컵 때 해설을 하면서 경기를 보는 시야가 넓어진 것을 알 수 있다.

"저런 선수가 왜 월드컵 때 해설을 하고 있었을까요"라는 배 아나운서의 말에 국민들은 그 당시 선수로 뛰지 못한 안타까움도 있겠지만 이번 아시안컵을 통해, 아나운서의 경험을 통해 그리고 주전이 아닌 벤치 멤버를 통해 '생각운동'을 한 효과를 보고 있다는 점에서는 위로를 얻을 수 있을 것이다. 차두리 선수를 통해 다른 벤치 멤버들이 주전으로 뛰지 못하는 아쉬움보다는 '생각운동'을 하면서 스스로를 준비해 주전으로 발돋움하길 바란다.

남성의 공간 심리학

2015년 5월 3일(한국시각) '무패 복서' 플로이드 메이웨더 주니어(38·미국)와의 세계복싱평의회(WBC), 세계복싱기구(WBO), 세계복싱협회(WBA) 웰터급 통합 타이틀전에서 '전설' 매니 파퀴아오(37·필리핀)가 심판 전원일치 판정으로 졌다. 이 경기의 의미를 이렇게 압축해 보고 싶다.

'권투가 다른 이종격투기나 유도와 같은 경기에 졌다.'

이번 '세기의 대결'이 전 세계 권투 팬들에게 실망을 안긴 이유는 공격을 한 선수보다 수비하면서 '점수만 더 딴' 선수가 이기는 방식이었다는 것이다. 적극적인 인파이팅 스타일의 파퀴아오가 완벽한 아웃복싱 스타일의 메이웨더에게 졌다는 사실에 더 이상 격투기 팬들은 흥미를 느끼지 못한다. 그리고 이런 현상은 심리학의 관점에서도 통한다.

남자들 사이에는 '경쟁적 공간(competitive space)'이 존재한다.

같은 공간에 남성 둘이 있을 때와 여성 둘이 있을 때는 심리가 다르다. 남성은 경쟁적 심리나 공격성을 가진다. 반대로 여성의 경우는 모성적 심리가 발동한다.

남성의 경우는 남과는 다른 자신만의 위치와 영역을 확보하기 위한 '독립된 자아(independent self)'를 드러낸다. 예를 들어 엘리베이터에 동성이 타면 자리확보를 하거나 상대방의 몸의 크기와 인상 등을 순식간에 확인하는 타고난 습성을 가지고 있다.

미국 인류학자인 에드워드 홀(Edward T. Hall)은 1965년에 '근접학(Proxemics)'이라는 개념을 정리했다. 여기에 따르면 사람은 개인적 공간(personal space)이 있다. 이 영역을 침범당하면 스트레스지수가 높아지고 공격적 성향도 나타나게 되는 것이다. 동물들이 자신의 영역을 표시하는 것도 이와 같은 심리다. 권투하는 공간인 사각의 링은 5x5m의 크기다. 이 사각 링의 크기는 끊임없이 상대방의 영역에 침범하도록 의도적인 거리를 만들어 놓은 것이다.

하지만 '싸움과 스포츠'의 차이를 여성들은 구분하지 못한다. 둘이 싸우면서 피를 흘리는 것을 왜 좋아하는지 이해를 하지 못한다. 그냥 전부 '싸움'으로 치부한다. 규칙과 규율을 가지는 영역이 있느냐 없느냐에 따라 싸움과 스포츠가 나눠진다는 것을 인정하지 않는다.

권투에서 사각의 링이라는 공간은 합법적인 격투의 공간으로 수컷의 경쟁을 마음껏 즐길 수 있는 곳이다. 유도, 농구, 럭비, 축구 경기장도 전부 사각이다. 네모 안에 원을 그려놓은 레슬링 정도를 제외하면 상대방과 몸싸움을 전제로 하는 경기들은 대부분이 네모의 공간에서 이뤄진다. 만약 이런 규칙과 동일한 공간을 설정하지 않으면 길거리에서 하는 '싸움'이 되는 것이다.

남성들은 스포츠의 격렬함 속에서 나오는 땀을 보면 흥분한다. 그리고 복싱의 경우 종목의 특성상 피도 흥분의 요인이 된다. 피는 붉은색으로 시각을 자극할 뿐만 아니라 피비린내 냄새로 후각을 자극한다. 복싱 경기장에서는 땀 냄새와 피 냄새가 남성 호르몬 분비를 자극시킨다.

하지만 이번 메이웨더와 파퀴아오의 경기에는 피와 땀 냄새가 진동하지 않았다. 이런 '여성적인' 경기 내용에 대해 이미 대중화된 세계 3대 이종 종합격투기 대회에서 피 냄새와 땀 냄새를 충분히 맡아 온 격투 팬들에게는 더 이상 흥분을 선물하지 못하는 경기가 돼 버렸다.

UFC(Ultimate Fighting Championship), K-1(가라데·Karate)·킥복싱(Kickboxing)·쿵후(Kungfu)·권법(Kempo)·격투기

(Kakutouki)), 프라이드 FC(RPIDE Fighting Championships) 이런 종합격투기들에 권투는 더 이상 설 자리를 잃은 것과 마찬가지다.

'4전 5기' 신화의 주인공 홍수환씨(65)는 연합뉴스와 통화에서 "역대 타이틀전 가운데 가장 재미없는 경기였다"고 말했다. WBA 주니어 플라이급 17차 방어의 신화를 쓴 유명우(51)은 "나도 경기를 정말 재미없게 봤다, 지루한 경기가 돼 버려 아쉽다"고 한숨을 쉬었다.

'골든보이' 오스카 델라 호야(미국)는 자신의 트위터에 아예 "복싱 팬들에게 미안합니다(Sorry boxing fans)"라고 썼다.

이번 대결로 메이웨더와 파퀴아오가 챙기는 대전료는 '2억 5,000만 달러(약 2,700억 원)'이다. 이외에 출연료, 관람료, 광고료 등으로 천문학적인 비용을 벌어들였다. 하지만 그들은 알까. 천문학적인 숫자의 권투 팬들과 맞바꾼 돈이라는 걸.

행복한 두 개의 심장

"안 갈 수만 있다면 한국에서 하고 싶다"

쇼트트랙 스타 안현수(빅토르 안) 선수가 러시아로 귀화를 결심하기 직전까지 거듭 밝혔던 말이다. 빙상연맹은 그를 위로하거나 마음을 되돌려보려고 해보기는커녕 러시아에 전화를 걸어 "문제 있는 선수니 받지 말라"고 방해했다.

안현수는 모국이 남긴 상처를 참아내며 그는 2014년 소치 동계 올림픽에서 러시아 쇼트트랙 사상 최초로 3개의 금메달과 하나의 동메달을 따냈다.

두 개의 심장은 무겁지만 더 멀리 그리고 더 빨리 달릴 수 있다는 것을 증명한 셈이다. 다른 스포츠 종목으로 보면 재일교포였던 추성훈도 비슷한 경우다. 모국에서 유도로 성공하고 싶었지만 파벌과 편파판정으로 인해 일본으로 돌아가 '아키야마 요시히로'로 귀화했다. 이처럼 스포츠계의 비리는 결국 소중한 국민을 버리고 인재를 놓치게 된다.

추성훈이 경기 후에 외치는 말이 있다.

'유도 사이코(최고)!'

이 말은 유도를 하고 싶고 유도가 자신의 모든 것이었는데 남도 아니고 부모의 국가이고 자신의 정체성인 대한민국의 유도계가 꿈을 막았기 때문에 평생 무의식 속에 슬픔이 자리 잡고 앉아 있게 된 것이다. 이런 슬픔은 언제든 격투나 스포츠에서 관중에게 알릴 수 있는 기회만 되면 일어나 모든 사람들에게 알아달라는 행위인 것이다. 오직 부모에게 받은 뜨거운 심장 하나 가지고 한국으로 왔는데 얼음처럼 대하고 비난하는 사람들을 보며 그 심장의 온도는 견디다 못해 결국 두 개의 심장을 선택해서라도 얼음의 추위를 이기고 싶게 된 것이다. 추성훈의 가슴에 한국과 일본이라는 두 개의 심장은 그가 만든 것이 아니라 대한민국이 만든 것을 잊어서는 안 된다.

이처럼 안현수도 두 개의 심장을 선택했다. 아직도 러시아로 귀화한 것에 말이 많다. 하지만 그 선택은 빙상의 레전드를 대하는 대한민국의 얼음보다 차가운 태도와 국민의 무관심의 결과다. 결국 안현수는 가장 추운 나라인 러시아로 귀화를 해서 러시아 국기를 대한민국 심장 위에 달고 달리고 또 달렸다. 두 개의 심장이 얼마나 무섭고 강한지 보여주었다.

20년 가까이 '행복'만 연구하고 있는 리버사이드 캘리포니아 주립대학교 심리학과 교수인 소냐 류보머스키(Sonja Lyubomirsky)는 캐나다 밴쿠버에 사는 415명을 대상으로 '행복감'에 대한 실험을 한 이후 이렇게 말했다.

> "행복하려면 결과가 필요하고, 스스로 노력한 만큼 행복을 가질 수 있다는 것을 의미한다."

행복이라는 것은 무작정 편한 것이 아니라는 것을 말한 것이다.

이런 실험이 있었다. 실험 참가자들에게 "여러분들은 앞으로 최고의 자신의 모습에 관해 생각해보도록 무작위로 선정됐습니다. 자신이 최고로 도달할 수 있는 모습을 생각해보세요. 자신이 생각하는 모든 목표를 이뤄가고 꿈과 잠재력을 최고로 실현하는 생각하세요."라고 요구했다. 이 실험 참가자들은 그렇지 않은 비교 집단에 비해 엄청난 에너지와 생기가 가득한 모습을 보여줬다. 이 실험은 누구나 같은 물리적인 똑 같은 시간을 부여받지만 '행복'이라는 것은 자신의 '꿈'과 '목표'를 위해 달려갈 때 얻어지는 것을 증명한 실험이었다.

안현수의 러시아 귀화에 대해서 비판하는 대한민국의 심장들에게 묻고 싶다.

"달리지 말고 가만히 있어라! 꿈꾸지 마라! 여기가 싫으면 네가 떠나라!"라고 말하는 상황에 앉아서 조용히 꿈을 접어야 '행복'하겠는가? 안현수는 얼음 위에서 달릴 때 '행복'한 것이다. 국가가 빼앗은 스케이트를 러시아가 다시 신겨준 걸 보며 배 아파 하지 말고 지금이라도 '사과'해야 한다. 그리고 다시 대한민국 국기를 그의 가슴에 달고 선수가 아니더라도 지도자로서 설 수 있는 기회를 줘야 하는 것이 모국의 의무이다.

에필로그

철학자 칸트는 이렇게 말했습니다. "자기가 아는 것을 예로 들어 설명하지 못하면, 그건 모르는 것이다." 이 책에 60개 이상의 글들은 실제 사례를 중심으로 심리적 분석을 한 것입니다. 실제 사례를 통해 자신을 거울에 비춰 볼 수 있는 효과를 맛보았길 바랍니다.

등산하는 사람들은 산에 오르는 것에 대해 두 가지로 나누어 말합니다. 하나는 '등정주의'이고 다른 하나는 '등로주의'입니다. 등정주의는 산의 정상만 생각하고 어떤 방식으로든 오르기만 하면 된다는 생각을 말합니다. 책을 읽을 때 몇 페이지인지 몇 장으로 되어 있는지 확인한 후 쉬지 않고 마지막 장까지 거침없이 달려서 읽어 내기만 하면 된다는 생각은 책의 등정주의에 해당하는 것입니다. 책은 산과 같습니다. 산에 등정하는 기쁨이 있는 것처럼 책을 다 읽는 것도 뿌듯함이라는 맛이 있습니다. 하지만 산을 오르면서 느껴야 하는 것은 바로 비탈길과 내리막길의 맛을 느껴야 하는 것입니다. 산의 정상보다 낮은 모든 것들이 눈에 들어오지 않고 무의미하게 느껴지는 것은 진정한 등산의 맛을 모르고 빨리 정상에만 오르고 또다시 금방 내려와서 허탈감을 느끼게 되는 것과 같습니다.

이 책을 읽을 때도 이와 같다고 할 수 있습니다. 전체적인 글의 흐름에서 이해하기 어려운 부분이 나오면 무조건 넘어가는 것이 아니라 잠시 생각을 멈추고 생각의 재구성을 통해 맞춰 봐야 합니다. 글의 수준이 깊고 넓을 때는 그만큼 생각의 질도 깊고 넓게 맞춰야 합니다. 그래야 책에 써진 글의 이해와 만족도는 더욱 깊어집니다. 책을 읽다가 막히거나 이해가 안 되는 부분은 낭독이나 음독과 같은 소리독서를 통해 해결할 수 있습니다. 소리가 나에게 생각을 만들어 내고 소리가 감정을 만들어 내기도 합니다. 그런 것처럼 글을 눈으로만 읽으면서 생각에 자극을 주다 보면 생각 안에 생각으로 빠질 수가 있습니다. 이럴 때는 소리의 자극으로 사고의 전환을 줘서 다른 시각으로 생각의 틀을 가질 수 있게 해야 합니다. 내가 하는 말을 가장 먼저 듣는 사람은 나 스스로입니다. 말을 할 때 전해지는 파동과 진동은 그대로 나에게 전달됩니다. 글자의 표면적 의미가 아닌 소리를 입혀서 문맥적 위치와 높낮이를 파악한다면 깊이 있는 개념의 새로운 의미까지도 맛볼 수 있게 될 것입니다. 책을 읽는 것은 정상에 있는 것이 아니라 과정에 있다는 것을 잊어서는 안 됩니다.

책을 시작하면서 책 읽는 방법에 대해 이야기하지 않고 끝내는 에필로그에 언급하는 이유는 한 번으로 끝내지 말고 여러 번 읽기를 권하고 싶기 때문입니다.

책을 읽는 것은 생각을 하는 것입니다. '생각하다'와 '숙고하다'의 영어단어는 'consider'입니다. con의 의미는 함께(with)라는 뜻이고 sid는 별(star)의 뜻입니다. 다시 말하면 별과 함께한다는 것이 바로 '숙고하고, 생각하다'라는 개념입니다. 지구에 존재하는 인간이 별을 바라보면서 하는 것은 '생각'입니다. 광활한 우주와 같은 상상의 공간과 과거와 현재 그리고 미래까지 순식간에 이동할 수 있는 시간까지 물리적인 우주보다 더 큰 것이 바로 '생각'인 것입니다. 그러면 얼마나 많은 별을 만났는가는 바로 책을 얼마나 많이 만났는가와 비교할 수 있습니다. 얼마나 많은 책을 만났는가는 얼마나 다양한 생각을 했는가와 연결할 수 있습니다. 생각은 독자들 각자가 어떤 장소에서 성장하였고 어떤 시간 속에서 살았느냐에 따라 틀이 결정되어 있습니다.

독자의 '생각의 틀'은 독자의 시공간의 한계와 같은 것입니다. 이 생각의 틀은 자신이 가지고 있는 한계이기 때문에 얼마나 이 생각의 틀 밖에서 놀아 봤냐에 따라 생각의 틀이 넓어지게 됩니다.

생각의 틀은 보통 세 가지로 나눕니다. '익숙한 틀', '경계의 틀', '미지의 틀' 이렇게 세 가지입니다. 익숙한 틀은 독자 스스로가 경험하고 이미 알고 있는 생각을 말합니다. 즉, 명확한 생각의 한계인 것입니다.

익숙한 틀이 많으면 많을수록 말과 행동은 확신에 차 있지만 마음과 감정은 멈춰 있게 됩니다. 심장은 덜 뛰게 되는 것을 말합니다.

경계의 틀이라는 것은 익숙하지 않고 모르는 영역이지만 충분히 독자 자신이 가지고 있는 배경지식에 의해 익숙한 틀로 가지고 올 가능성이 열려 있는 생각을 말합니다.

미지의 틀이라는 것은 전혀 듣지도 보지도 못한 영역의 생각을 말합니다. 익숙한 틀로 가지고 올 수가 없는 영역의 생각이 바로 미지의 틀에 해당합니다. 이러한 미지의 영역의 틀을 경계의 틀로 자주 가지고 올 수 있어야 생각이 성장하게 됩니다. 생각이 성장해야 익숙한 틀이 부드러워지고 더욱 건강한 생각으로 자리 잡게 됩니다. 익숙한 틀만 가지고 있는 사람들은 건강하지 못한 생각을 가지고 있는 것과 같습니다. 그 이유는 익숙한 틀만 있기 때문에 창의성이 없는 생각이고 고지식한 생각을 자신의 행동까지도 지배하고 있게 됩니다.

이 책을 읽을 때마다 독자 스스로가 반복하게 되는 생각의 틀을 명확하게 찾아야 합니다. 익숙한 틀, 경계의 틀, 미지의 틀 이 세 가지 중에 어떤 틀을 스스로가 사용하는지 알아야 합니다. 그래야 자신의 부족한 부분을 확인할 수가 있습니다. 어느 하나에 치우치는 것은 불균형을 이루게 됩니다. 가장 건강한 생각의 움직임은 바로 통합입니다. 세 가지의 생각의 틀이 유동적으로 움직여야 건강한 생각의 틀을 유지하게 됩니다. 이 책이 여러분들에게 통합적인 생각의 틀을 가지는데 도움이 되길 바랍니다.

2015년 5월 4일

이재연

유명인이 아니니 감사의 말을 길게 써도 된다던 어느 스승의 조언에 힘입어 이 지면에 감사한 이름들 한 명 한 명 적어 봅니다. 지금부터는 순수한 필자의 주관적이고 개인적인 글이기에 독자들은 읽지 않아도 됩니다. 감사의 말을 전하려 하면 마음에 행복이 생깁니다. 그 이유는 그들에게 '사랑'을 받은 순간이 기억나기 때문입니다. 하지만 행복해지려고 감사의 마음을 전하려는 것은 아닙니다. 행복하게 만들어 주신 분들이기에 진심으로 감사의 마음을 전하려고 합니다.

1. 상담심리학의 길에 들어서지 못했거나 들어섰더라도 더 효과적인 방향을 찾고 있는 이들에게 꿈에 이르도록 도와주시는 신동열, 안미순, 강주희 교수님께 존경과 감사의 마음을 전합니다. 중학교 3학년 때 담임선생님이시자 삶의 모델이 되어 주신 박노근 선생님께 존경과 감사의 마음을 드립니다. 언어철학의 깊이를 이끌어 주시는 김형엽 교수님, 서동희 교수님께 감사의 마음을 전합니다. 함께 강의하고 교육에 모든 것을 바치는 민철홍 교수님과 변선영 선생님께 감사의 뜻을 전합니다. 교육학이 어떤 사람에게는 울타리가 되고 어떤 사람에게는 사다리가 된다는 것을 알려 주신 정사무엘 교수님께 감사의 마음을 전합니다.

2. 이 책이 나오기까지 반복되는 회의에도 힘든 기색 표하지 않고 세밀하게 신경 써 주시고 애써 주신 홍정표 대표님, 양정섭 이사님, 김미미 이사님, 편집 김현열, 송은주 선생님 기획·마케팅 노경민 선생님 그리고 경영지원 안선영 선생님께 진심으로 감사의 뜻을 전합니다. 그리고 이 책은 쿠키뉴스에 연재해 온 글들을 모아 재구성한 것입니다. 그동안 쿠키뉴스 독자들로부터 많은 사랑을 받게 해 주신 쿠키뉴스 김현섭 기획취재팀장님께 감사의 마음을 전합니다.

3. 마지막으로 가족들과 두 딸 아연이, 시연이 그리고 아내에게 이 책을 바칩니다.

빠트린 많은 분들께는 '감사한 마음'을 가슴에 새기며 늘 현장에서 감사함을 전하겠습니다. 이렇게 감사를 드려야 할 분들이 많으니 행복합니다. 그만큼 인생의 빚이 많음을 느낍니다. 졸지도 주무시지도 않으시고 나를 지키시는 그분께 감사하며 글을 마무리합니다.